DIVAS NO DIVÃ

Cris Linnares

DIVAS NO DIVÃ

O SEGREDO DAS MULHERES VERDADEIRAMENTE FELIZES

São Paulo, 2015

Divas no Divã

Copyright © 2015 by Cris Linnares
Copyright © 2015 by Novo Século Editora Ltda.

GERENTE EDITORIAL
Lindsay Gois

EDITORIAL
João Paulo Putini
Nair Ferraz
Vitor Donofrio

GERENTE DE AQUISIÇÕES
Renata de Mello do Vale

ASSISTENTE DE AQUISIÇÕES
Acácio Alves

AUXILIAR DE PRODUÇÃO
Luís Pereira

COORDENAÇÃO
Letícia Teófilo

PREPARAÇÃO
Livia First

DIAGRAMAÇÃO
Equipe Novo Século

REVISÃO
Patrícia Murari

CAPA
Dimitry Uziel

Texto de acordo com as normas do Novo Acordo Ortográfico da Língua Portuguesa (1990), em vigor desde 1º de janeiro de 2009.

Dados Internacionais de Catalogação na Publicação (CIP)
(Câmara Brasileira do Livro, SP, Brasil)

Linnares, Cris
Divas no divã
Cris Linnares;
Barueri, SP: Novo Século Editora, 2015.

1. Autoajuda 2. Felicidade

14-12994   CDD-158.1

Índice para catálogo sistemático:
1. Felicidade: Autoajuda: Psicologia Aplicada   158.1

NOVO SÉCULO EDITORA LTDA.
Alameda Araguaia, 2190 – Bloco A – 11º andar – Conjunto 1111
CEP 06455-000 – Alphaville Industrial, Barueri – SP – Brasil
Tel.: (11) 3699-7107 | Fax: (11) 3699-7323
www.novoseculo.com.br | atendimento@novoseculo.com.br

Dedico este livro ao meu querido pai, que foi, sem dúvida alguma, o melhor *Personal* da Felicidade que eu pude ter na vida.

Papai, tenho certeza de que você está no céu encantando os anjos com seu sorriso alegre e sua felicidade contagiante.

Obrigada por ser o melhor exemplo da minha vida, ensinando-me que felicidade não é utopia.

Eu o amo!

Agradeço, primeiramente, a Deus e ao meu grande terapeuta da vida e melhor amigo, JC, mais conhecido no mundo como Jesus Cristo.

Obrigada a você, leitor, por todo o carinho!

Minha eterna gratidão a todas as pessoas que contribuíram para que esta obra estivesse hoje nas mãos de cada leitor: Luiz Vasconcelos e equipe da Editora Novo Século; minha amada mãe e heroína, Cleide Gimenes Saad; meu parceiro e irmão, Rodolfo Saad; minha querida irmã, Graciela Saad; minha amiga e companheira de luta, Marilei Schiavi.

Muito obrigada pela família do teatro "Divas no Divã": Balthazar Vieira, Almir Rosa, Julio Braggion, Maisa Doris, Marcelo Boffa, Marta Dutra, Rogério Matias e tantos outros que acreditaram nesta obra, mesmo antes que eu mesma acreditasse.

Às minhas queridas amigas que me ajudaram na revisão deste livro, Valéria Saad e Neli Apolonio Figueira.

Sou eternamente grata a todos vocês!

PREFÁCIO

Escrever o prefácio deste livro de Cris Linnares foi um convite inesperado e creio que também um desafio.

Conheci Cris como atriz, mas sabia de sua formação como psicóloga e de seu currículo com inúmeros cursos de aprimoramento.

A princípio, pensei que o livro dela fosse uma sátira, mas me deparei com uma leitura de fácil compreensão que ia além de minhas expectativas, que tocava minha alma e mesmo minha vontade de buscar a própria felicidade. Surpreendeu-me encontrar nas entrelinhas a psicologia sem aparência de psicologia.

Fiquei subitamente entusiasmada e queria que todos à minha volta pudessem ler este livro. Pensava ser a maneira mais direta de ajudar aqueles que me pediam uma palavra amiga. O texto tem muitas sugestões que, tenho certeza, estimulariam aqueles que estão desanimados.

Este livro fala de desafios; desafios pessoais perante a vida. A felicidade está ao nosso alcance, mas precisamos ter coragem de buscá-la.

Cris Linnares nos mostra a busca de ajuda para encontrar a felicidade. Será que ela tem a fórmula infalível para sermos felizes para sempre? Terá ela esse segredo?

Seu livro não traz respostas prontas. Mais do que isso: ele tem o intuito de mexer com o lado emocional das pessoas. É um estímulo a ousar procurar a felicidade.

Quem, senão nós, é responsável por nossa felicidade?

A proposta do desafio é estimular a inteligência da felicidade. Desenvolver essa inteligência significa se entusiasmar pela própria vida. Que desafio!

Não devemos nos impressionar com o que nos acontece, mas devemos saber como lidar com os fatos com inteligência sem nos distanciar da felicidade. Para desenvolver essa inteligência, precisamos praticar ensinamentos.

Divas no Divã fala de sonhos, de sermos capazes de acreditar nos sonhos. Para acreditar, tem de haver exercício, determinação e prática. Aliás, isso serve para vencer na vida. Não se ganha sem ousadia – só assim teremos um "novo dia".

Cris Linnares ousou e resolveu dividir conosco, os leitores, seus medos, loucuras e até seus sonhos. Com coragem, ela nos convoca a não nos acomodar. Nossa felicidade depende unicamente de nós mesmos.

Espero que você goste desta leitura tanto quanto eu gostei.

ANA BOTAFOGO
Primeira Bailarina do Theatro Municipal do Rio de Janeiro

INTRODUÇÃO

"E foram felizes para sempre..."

Eu não sei você, mas, toda vez que leio essa frase no final de um livro ou em um filme, o meu lado "realista" quer falar mais alto do que meu lado romântico. Então, eu me pergunto: "será mesmo que foram felizes?" ou "finais felizes só acontecem na vida dos outros?".

Esses questionamentos são parte de uma definição de felicidade, na qual ser feliz depende do que acontece com a gente. Diante de tantas angústias e incertezas do nosso dia a dia, enquanto colocarmos a felicidade nesse patamar estaremos muito longe de escrever finais felizes em nossa história de vida.

A personagem de *Divas no Divã* que você vai conhecer nas próximas páginas deste livro, assim como muitas pessoas, acredita que "felicidade" seja uma utopia, algo inacessível. Se esse texto chegasse às mãos da nossa sarcástica personagem, certamente ela pensaria: "Que ridículo! Esse deve ser mais um daqueles livros de autoajuda que prometem fórmulas mágicas!". Porém, o modo de ela ver as coisas começa a mudar quando ela encontra em seu caminho o Dr. Oswaldo, um "*personal* da felicidade", que lhe propõe um grande desafio: desenvolver, por meio de sete práticas, a "inteligência da felicidade".

Nos últimos quinze anos, com o sucesso do livro e do DVD "Divas no Divã", comecei a receber vários e-mails de leitores do Brasil inteiro que se sentiram inspirados e emocionados com o final feliz da personagem.

Muitas pessoas resolveram aplicar em suas vidas as sete práticas para desenvolver a "inteligência da felicidade". Como autora, fiquei surpresa e emocionada com os resultados maravilhosos que tantos leitores tiveram e sou grata pelo fato de terem compartilhado suas experiências comigo.

Em um dos e-mails, Clara conta que tinha dezessete anos e morava em uma cidade pequena do interior do Brasil; ao terminar o livro, resolveu aplicar as sete práticas em sua vida.

Nesse processo, ela se sentiu motivada a lutar para a realização do sonho de trabalhar em uma empresa internacional e viajar pelo mundo. Um sonho que, de acordo com suas palavras, era algo distante e praticamente impossível.

"Eu vim de uma família simples que não teve recursos para me oferecer bons estudos, minha mãe sempre dizia que eu sonhava muito alto para a nossa realidade." Inspirada pela transformação da personagem do livro, Clara decidiu se tornar autodidata, começou a aprender inglês e a estudar intensamente para suprir seu estudo precário.

Confesso que, quando li o final do e-mail, as lágrimas escorriam dos olhos.

"Cris, há dez anos, *Divas no Divã* se tornou meu livro de prática e cabeceira. Estou enviando esse e-mail de um hotel em Beverly Hills, pois, graças ao empenho e à determinação que aprendi a ter, a partir da leitura do seu livro, trabalho na área de marketing em uma das maiores empresas do mundo."

Como autora, fiquei muito feliz com o resultado inesperado do livro e por conhecer histórias como a de Clara. Porém, o meu lado mulher, mãe e psicóloga ainda não estava satisfeito. É por esse motivo que para você, minha querida leitora, nessa edição especial de quinze anos de sucesso, além de desejar que você ria e se emocione com a história de *Divas no Divã*, quero muito mais, quero que você descubra caminhos para se inspirar e se emocionar com a sua história de vida. Meu desejo é que você, independentemente de como está se sentindo ou o que está passando neste momento, crie uma vida que mereça ser aplaudida!

O que você tem em mãos não é apenas um romance. Além do livro, você poderá ganhar o vídeo da comédia teatral *Divas no Divã* (veja o código para *download* no site). E mais, o livro não termina com a história da personagem; isso porque, nas páginas finais, você encontrará uma parte especial – *Você no Divã* – em que você terá a oportunidade de aplicar as sete práticas da ciência da felicidade!

Acredito que, assim como Clara, você irá experimentar algo novo e poderoso que trará inúmeros benefícios para sua vida. Afinal, muito mais do que ler uma história com final feliz, você merece escrever finais felizes em todos os aspectos da vida.

Para quais áreas da sua vida você precisa criar um final feliz?

De repente, é essencial que você transforme a história do seu corpo cansado em um corpo mais saudável, ou que transforme a história de relacionamentos fracassados em bem-sucedidos. Ou, até mesmo, esse é o momento para você transformar os sonhos abandonados em realidade.

Meu maior desejo é que, em breve, eu possa receber o SEU e-mail contando como criou finais felizes em sua história de vida!

SUMÁRIO

O início
15

Em busca de ajuda
23

Resistência à mudança
36

Por que ela tem mais sorte do que eu?
43

Por que a Paty me incomoda tanto?
52

É possível encontrar um grande amor?
61

Por que fujo dos meus sonhos?
70

O dia da grande faxina
79

Exercitando o coração
89

O grande dia
102

Cinco anos depois...
119

Você no Divã
127

O INÍCIO

Não se acomode com o padrão deste mundo, mas transforme-se pela renovação da sua mente.
ROMANOS 12:2

TRIIIMMM. O relógio toca uma, duas, três, quatro vezes. Sei que é hora de me levantar para trabalhar, mas sei também que não tenho ânimo nenhum para isso. Quanto mais o relógio toca, mais os olhos pesam. Ao conseguir entreabrir, com muito esforço, o olho esquerdo, percebo que estou deitada na sala, com a TV ligada, uma caixa de bombons ao meu lado e – o que é isso? – o telefone na mão?! Eu não acredito, essas coisas só acontecem comigo! Além de estar desanimada para trabalhar e de ter acabado com a minha 27ª tentativa de fazer dieta, ainda havia dormido de mau jeito, segurando o telefone. Estou muito triste, pois, nesse momento, me dou conta de quanto ando infeliz, tanto na minha vida profissional como na pessoal.

Nossa Senhora, hoje a minha Auto-Estima-Virtual (AEV) está abaladíssima! Além de nenhum cara gato curtindo as minhas fotos no Facebook ou no Instagram, para piorar a situação, com os *matchs* que tenho recebido no Tinder ultimamente posso formar um time de psicopatas. Só cara esquisito!

Até eu mesma me pego espionando as páginas do Instagram de algumas amigas e penso: "Coitada! Essa aí só tem a família dela seguindo a página, e o máximo de "likes" que ela recebe é da irmã, da mãe e da tia do interior".

Na época da minha avó, as mulheres não tinham que se preocupar com a Auto-Estima-Virtual. Agora, na minha geração, numa questão de um "click" podemos nos sentir amadas ou totalmente rejeitadas.

Sabe aquela fase da vida – não sei se você já passou por isso alguma vez – em que, aos olhos dos outros, tudo está perfeito, mas você não é feliz? Seu trabalho não a realiza, mas você também não sabe o que procurar? Se eu, por exemplo, disser às pessoas que quero largar meu emprego para procurar outra coisa, elas vão me chamar de louca e dizer que ganho bem. Só que "ganhar bem" não está sendo suficiente para me realizar.

Para começar, estou sozinha, sem um relacionamento amoroso. Sinto-me como uma verdadeira curva de rio, que só atrai tranqueira. *Argh*, não aguento mais acabar as noites abraçada a um livro de autoajuda! Ah, você quer saber o que eu estava fazendo com o telefone na mão? Ora, o que toda mulher faz com um telefone na mão: eu estava esperando a ligação de um homem.

Meu último relacionamento, que foi com um homem com quem saí por dois meses, terminou há pouco tempo. Então, conheci um advogado bem-sucedido que falou para combinarmos uma saída e sumiu. Liguei para ele, depois de consultar várias amigas para saber se deveria dar essa colher de chá para o moço ou não. Ele respondeu que queria sair, sim, e que às oito horas da noite me telefonaria. Eram oito, nove, dez horas e ainda estou aqui, de manhã, esperando a ligação. Eu não quis sair com nem uma amiga, apesar de já ter ficado nessa situação várias vezes. É que eu ainda acredito no ser humano e acho que, uma hora, ele muda.

O pior é que, no trabalho, a história não é lá muito diferente. Estou cansada de olhar sempre para as mesmas caras, de fazer aquilo de que não gosto. Não aguento mais ficar atrás de um computador, na área de RH de uma empresa, criando cursos de treinamento para o desenvolvimento de toda uma equipe enquanto eu não me sinto nada desenvolvida! O que me diverte um pouquinho no fim do dia é entrar nas salas de bate-papo pela internet. Não que eu não tente me dedicar ao trabalho. Ontem, até juntei forças a fim de preparar um treinamento para que meu chefe ministrasse, porque tenho pavor de falar em público, mas vi que o tema era "motivação e liderança" e, então, me dei conta de como estou desmotivada.

O motivo dessa desmotivação começa pelo Warlen, meu chefe. Warlen com "W", ele já avisa. Hum, fico imaginando esse homem quando ele tinha sete anos de idade. Como devia sofrer quando as pessoas escreviam "V" no lugar do seu sagrado "W". Sem falar na frustração da hora da chamada, quando o professor falava "Waaaarlen" e o coitado era obrigado a responder "presente". É por isso que ele pega no pé de todo mundo. Como deviam pegar no pé dele! E aquele cabelo oleoso? Já sei, no Natal, vou lhe dar um xampu para raízes oleosas. Não que ele mereça esses mimos, pois vive gritando comigo, apesar de isso acontecer porque ele sofre de impotência sexual, tenho certeza disso! É verdade, li em uma revista que o impotente compensa a fraqueza sexual dele no trabalho.

Tenho certeza de que hoje ele vai me cobrar o treinamento. Já o vejo vir na minha direção com aqueles óculos de fundo de garrafa e aquele cinto puído. Engraçado, ele se preocupa com tanta coisa e não percebe o estado do próprio cinto? Sei que viver de olho no umbigo é egocentrismo, mas não olhar nunca também já é desleixo. Imagine ter de fazer um treinamento sobre motivação e liderança depois de ficar plantada a noite inteira esperando a ligação de alguém com quem se combinou um encontro.

É, ontem, decididamente, não foi um dia fácil. Pensava que já tinha chegado ao fundo do poço, só que no fundo do poço havia um alçapão e hoje acordo abraçada a uma caixa vazia de bombons. Com lágrimas nos olhos, tomo um banho rápido e, apesar da fome, não tomo café, de propósito, para me castigar por ter me comportado como uma porca solitária na noite passada.

Você já se sentiu assim, uma porca solitária, quando come muito e jura que não vai comer mais, mas, já que comeu, come mais ainda só de raiva por ter comido? Foi assim que fiz ontem. Olhei para o bombom e ele olhou para mim. Eu bem que me fiz de forte e apelei para todas as minhas práticas de meditação e para a força do pensamento, mas nada deu certo. Todo o meu mantra diet foi por água abaixo. Então, me lembrei de um grupo que já frequentei, a Associação de Revalorização do Modelo da Mulher Renascentista (ARMMR), aquelas mulheres gordinhas, sabe? Por que essa moda não volta? Afinal, pior do que ter celulite na bunda é ter na cabeça, como um monte de mulheres que conheço.

Enquanto leio as manchetes do jornal tomando um copo de água como se estivesse degustando um vinho francês, dou de cara com uma foto que me chama a atenção. Lá está ela, ocupando a página das figuras ilustres da sociedade, linda, alegre, bem casada, bem-sucedida, famosa, amada, sem celulite, perfeita... Uma verdadeira diva! Ai, que inveja dessas supermulheres perfeitas da mídia! Parece que, de alguma forma, foram abençoadas pela vida e tudo dá certo para elas: têm os homens aos pés, comem de tudo e não engordam ou têm determinação suficiente para comer como um passarinho, sua depilação nunca vence...

Que delícia, nascer predestinada a brilhar, a ser um sucesso em tudo. Duvido que elas tenham preocupações, como pagar contas, começar uma nova dieta toda segunda-feira, descobrir um livro de autoajuda com a esperança de encontrar fórmulas mágicas de sucesso, procurar uma boa vidente ou benzedeira para abrir os caminhos e encontrar um grande amor, fazer cursos sobre "como lidar com pessoas difíceis". Afinal, elas podem mandar todo mundo para aquele lugar, que todos vão sorrir e dizer amém. Ai, ai! Por que tem gente que nasce com sorte e eu não? Será que o meu carma é grande? Até quando vou ter de pagar uma dívida de algo que nem lembro que fiz? Será que há um segredo para atrair a boa sorte? Será que é possível ser realmente feliz nesta vida?

Depois de ficar alguns minutos admirando a foto daquela diva no jornal, lembro que é aniversário da Paty, uma colega de infância. Ligo para a casa dela, mas me sinto aliviada por já ter saído. Não quero mesmo falar com ela, liguei só por educação. Ai, essa menina me irrita! Com aquele corpo sarado, precisava sair para caminhar? Para mim, isso não é determinação, é falta do que fazer, porque, se eu tivesse o que não fazer, jamais acordaria às seis da manhã para caminhar. Bem, pelo menos fiz a minha obrigação e liguei para dizer que me lembrei do aniversário dela. Cumpri o apito da minha agenda telefônica e está bom demais.

Volto a contemplar a fotografia da diva e me sinto cada vez mais triste. Então, abro a bolsa, decidida a tomar, pela primeira vez, o remédio antidepressivo que o médico havia me receitado. Enquanto pego o tal remédio, eu me recordo de quando era mais nova e me imaginava adulta. Nunca tinha me imaginado, com a idade que tenho hoje, infeliz no amor, insatisfeita com o trabalho e com o corpo e, ainda por cima, dependente de um antidepressivo para obter um pouco de alívio.

Olho a mesa e vejo vários frascos de remédio. Penso: *eu já encontro a minha determinação para emagrecer em um vidro de anfetamina. Para me animar, recorro ao guaraná em pó. Faço meu intestino funcionar à base de laxante. Reponho minha energia com vitaminas. Tomo calmante quando quero relaxar. Agora, também vou encaixotar minha felicidade?*

Fico me perguntando quando foi que minha alegria se resumiu a uma cápsula de remédio. Onde eu havia deixado meus sonhos, a vontade de viver, a felicidade? Você já parou para analisar se está vivendo a vida que realmente gostaria de viver? Lembra-se dos seus sonhos de criança? Eles se tornaram realidade ou permanecem na imaginação? Estão guardados a sete chaves naquele lugar que só você conhece? O fato é que, aos olhos dos outros, pareço uma mulher bem-sucedida, feliz, determinada. Mas só eu sei as dores e os medos que divido com o travesseiro.

Quando era mais nova, sonhava em ser artista de teatro. Queria dançar e atuar, acreditava que o mundo me abriria as portas e que eu realizaria esse sonho. Naquela época, a palavra "medo" não pertencia ao meu vocabulário. As opiniões e críticas alheias não me desanimavam. Tinha mais confiança em mim e na vida. O tempo passou e, apesar de ter me dedicado a me tornar uma grande artista, devido a alguns acontecimentos acabei abandonando esse sonho. Entrei na faculdade que minha mãe queria, decidi viver uma vida "normal", ou melhor, sem correr riscos. Dei adeus aos filmes românticos a que antes assistia com prazer e que me davam a certeza de que um dia eu também viveria uma grande história.

Eu me imaginava vivendo uma vida de Cinderela, bem casada, feliz. Apesar de que a gente só conhece a vida da Cinderela até o momento em que ela se casa. Ninguém sabe como ela ficou dez anos mais velha, depois de três filhos, se teve estrias, culote e aquele pneuzinho básico. É muito fácil dizer que foi feliz para sempre no casamento. Até a minha amiga, até eu, até minha mãe, minha tia. É muito fácil pôr um *the end* aí. Quero ver depois! Acho que só nos meus sonhos posso ser feliz para sempre.

O engraçado é que fiz tudo que me diziam ser fundamental para ser feliz: completei os estudos, encontrei um bom emprego, procurei agradar aos outros. No entanto, aqui estou, cheia de diplomas pregados na parede, com vários telefones registrados no celular, milhares de convites para festas... E me sentindo sozinha, infeliz...

Chega! Cansei de tentar ser boa filha, boa amiga, bem-amada, bem-sucedida, bem informada, bem magrinha e bem resolvida sexualmente! Quero ser feliz e me recuso a encontrar a felicidade em um antidepressivo. Se existe um remédio para me fazer mais feliz, vou encontrá-lo dentro de mim! Vou dar um jeito de resgatar meus sonhos, a vontade de viver, as forças. Vou dar um jeito de não apenas parecer, mas de ser feliz!

Você sabe que em momentos como esse há duas opções: acomodar-se e sentir-se cada vez mais infeliz ou virar a mesa. Pois foi isso que fiz. Com a garra de Vivian Leigh no filme ...*E o vento levou*, prometo a mim mesma jamais ser infeliz novamente. Jogo o remédio no lixo e faço algo que não fazia desde criança: abaixo a cabeça e oro com fervor. Peço a Deus; a esse Deus no qual nem sei se ainda acredito, mas assim mesmo peço para Ele me ajudar a ser feliz.

No exato momento em que apoio os braços na mesa para fazer a prece, minha bolsa se esparrama no chão e dela cai um cartão antigo que eu havia guardado. Ele fora dado a mim por Simone, uma prima que reencontrara fazia pouco tempo. Nossa, quase não a reconheci: estava dezessete quilos mais magra e acompanhada de um namorado lindo. Não parecia a mulher triste que eu havia encontrado um ano antes, logo depois de sua separação conjugal. Perguntei qual era o milagre, e ela respondeu que havia descoberto um "*personal* da felicidade", entregando-me o cartão dele.

Na hora, não consegui controlar o riso porque achei engraçado e pretensioso alguém se intitular assim. O curioso foi que, mesmo diante do meu riso, ela me olhou carinhosamente e, ao se despedir, disse que eu não hesitasse em procurar o tal *personal*. Foi assim que, mesmo me sentindo ridícula por ir atrás de um charlatão que prometia socorrer carentes e deprimidos, peguei e guardei o cartão de Oswaldo, *personal* da felicidade. Mal sabia que essa simples atitude transformaria a minha vida e me traria de volta, para sempre, a felicidade perdida.

EM BUSCA DE AJUDA

A dúvida é o princípio da fé.
Aristóteles

VOU para o trabalho com o cartão na bolsa e, ao chegar, dou de cara com Warlen gritando e pedindo os treinamentos para ontem. Em seguida, passo pelo mau humor em pessoa, a secretária Cátia. Ela é aquele tipo de mulher que quando o tempo está bom diz: "ai, que calor insuportável" e, se está frio, reclama: "ai, que frio insuportável". Vive fazendo as unhas debaixo da mesa. Se está há vinte e cinco anos fazendo isso e até hoje ninguém a mandou embora, então por que ela continua lixando as unhas embaixo da mesa? Dou um "oi" para Cíntia, a estagiária que vive fazendo fofoca. Não sei por que ela ainda não lançou uma revista interna de fofocas ou não assumiu sua verdadeira vocação e procurou emprego em um jornal.

Alívio: finalmente chego à minha mesa. Deixe-me conferir o celular. Não, aquele advogado canalha realmente não me ligou. Ai, o meu aniversário está chegando, vou ficar velha... Penso várias vezes em ligar para o Oswaldo, mas, sempre que vou fazer isso, chega a Cíntia, perguntando:

– De quem é esse cartão, amiga? Alguém especial?

Ainda bem que as minhas árvores de pimenta e de alho estão a postos contra o mau-olhado. Como a Cíntia é louca para puxar o meu tapete, a de pimenta já está meio caída. Não posso me esquecer de comprar outra.

Finalmente, ela me dá uma folga e eu ligo. Marco hora com o Oswaldo para depois do trabalho e já concluo que ele não deve ser um profissional conceituado e reconhecido. Afinal, se assim fosse, eu jamais conseguiria um horário tão facilmente. Precisaria implorar por um encaixe e ficar horas e horas folheando as revistas do consultório, torcendo para chegar logo a hora de ser atendida.

Ao sair do trabalho, pego o metrô em direção ao consultório do *personal* da felicidade. Não havia contado a ninguém sobre a consulta, até porque qualquer um riria da minha cara se soubesse que eu estava me sujeitando a pedir ajuda a um charlatão. E se eu encontrasse algum conhecido na recepção? Não posso assumir que faço parte do grupo dos carentes e deprimidos que habitam o planeta Terra. Já sei, vou dizer que estou apenas acompanhando uma amiga e que nem sei o que a louca foi buscar lá.

Ao entrar no vagão, para minha surpresa, lá está ele de novo, o meu Apolo! Lindo, charmoso, sentado naquele banco de terno e gravata, lendo um livro, com cara de cachorrinho sem dono! Quem me dera ser dona de um canil para acolhê-lo. É incrível: toda vez que pego o metrô depois do trabalho, encontro esse homem, que apelidei de Apolo, meu deus grego! Será que ele é casado? Noivo? Será que ele não percebe que o fato de sempre nos encontrarmos no fim do expediente, ao voltar para casa, pode ser um sinal do destino? Não acredito em coincidências, mas em providência. Ai, como eu queria conversar com ele, pelo menos saber o nome...

Ih! Ele olhou para mim! Ai, que vergonha! Deixe-me olhar para o outro lado. Ele não pode pensar que sou mais uma encalhada perdida e solitária flertando dentro do metrô. Preciso passar a imagem de mulher independente, alegre e bem resolvida. Todos os livros que li sobre relacionamentos afirmam que os homens são de outro planeta e, por isso, fogem de mulheres dependentes, pois, inicialmente, sentem dificuldade em assumir um compromisso mais sério. Ah, não! Ele já vai descer... Puxa! Custava ter me dado um sorriso? Deixe para lá! De repente, ele não era para mim. Quem sabe tenha uma doença venérea ou sofra de mau hálito?

Olhe esse casal aqui do meu lado! Toda vez que vejo um casal, imagino como eles se encontraram. Como ele fez para conhecê-la, o que ela faz da vida... Será que as pessoas olham para mim e ficam pensando de onde eu vim e para onde vou? Nossa, como o amor é bonito; esse homem é tão feio que parece estar do avesso, e ela o beija como se ele fosse o Richard Gere. O amor é realmente cego, e eu bem que gostaria de amar alguém assim, cegamente.

É melhor eu parar de pensar bobeira e ir logo para o tal *personal* da felicidade. Ai, meu Deus, que rua estranha. Será que ele atende de turbante? Será que tem um gato preto, uma bola de cristal? Ou será que é psicólogo e atende em um escritório comercial? Não custava nada ele trabalhar em uma academia e ser saradão.

Nessa expectativa, chego ao endereço do cartão. É uma casa muito bonita, com árvores frutíferas e flores no jardim. Toco a campainha e um senhor de idade vem abrir a porta. De cara, percebo que ele não é psicólogo, pois me abraça fortemente, como se me conhecesse há muito tempo. Um abraço que há tempos eu não recebo igual e que quase me faz chorar. Em seguida, Oswaldo me convida a entrar. Não há recepção, é apenas uma sala, e ele aponta um sofá sem encosto para que eu me sente.

Ele me pergunta:

— O que a trouxe até aqui, querida?

— Eu estava em casa e vi um cartão que minha prima me deu e...

— Prima? Que prima?

— A Simone.

— Ah! Simone. Eu estou sempre conversando com ela. Ela já vem aqui há um tempinho.

– Na verdade, não vim aqui por causa própria. Estou fazendo uma pesquisa sobre os tipos de ajuda existentes, achei interessante esse título de *personal* da felicidade e gostaria de entrevistá-lo. De repente, posso ajudar outras pessoas que estejam precisando.

Ai, gente, será que ele vai acreditar nessa lorota? O que vocês fariam no meu lugar? Não vou entregar para ele que estou desesperada.

– Então, você me procurou porque quer ajudar outras pessoas?

Meio que engasgando nas palavras, respondo:

– É, não... Quer dizer... Sim, claro! Com tantas pessoas sofrendo hoje em dia de depressão e carência, nós precisamos fazer alguma coisa pela humanidade, porque estamos atravessando um momento crítico e...

– Minha querida, antes de você continuar com a sua tese sobre a situação do mundo e como gostaria de salvar a humanidade, responda-me uma coisa com toda a sinceridade e olhando, não para os meus olhos, mas para os olhos da sua alma: você se sente, realmente, feliz?

Quem é ele para me fazer tal pergunta? Quem tem perguntas para fazer a ele sou eu!

– Olhe, meu querido, sabe o que é... Antes de começar, eu gostaria de saber: o senhor é o quê? Terapeuta? O senhor é formado, pós-graduado?

– Você está insegura, não é mesmo? O que mudaria se eu fosse pós-graduado? Afinal, nós vamos falar de felicidade, e essa matéria não existe na universidade. Não sou terapeuta formado, mas entendo da matéria de que vou lhe falar. Só posso fazer você chegar até onde eu cheguei. Há uma história que quero lhe contar. Certa vez, uma mulher levou o filho ao Mahatma Gandhi e lhe implorou: "Por favor, Mahatma. Diga ao meu filho que ele pare de comer açúcar". Gandhi fez uma pausa e respondeu: "Traga seu filho de volta em duas semanas". Confusa, a mulher agradeceu e disse que faria o que Mahatma havia pedido. Duas semanas mais tarde, ela retornou com o filho. Gandhi olhou o jovem nos olhos e disse: "Pare de comer açúcar". Agradecida, mas inconformada, a mulher perguntou: "Mahatma, por que me pediu para trazê-lo depois de duas semanas? O senhor poderia ter dito isso a ele duas semanas atrás". E Gandhi respondeu: "Duas semanas atrás, eu estava comendo açúcar". Portanto, só podemos ensinar o que praticamos – conclui Oswaldo. – E eu pratico a felicidade todos os dias da minha vida. Agora, vamos direto ao assunto, porque tempo é vida. Responda-me: você é feliz?

Quando ele me faz essa pergunta inesperada, lembro-me da situação em que me encontro e de como estava tentando não apenas enganá-lo, mas enganar a mim mesma com aquela história de salvar a humanidade e, com o choro reprimido na garganta, respondo:

– Não... Eu não me sinto feliz.

– Então, como você quer ajudar alguém a ser feliz? Nós só podemos dar aquilo que temos. O problema das pessoas é que elas fogem daquilo que mais desejam! Por que essa dificuldade de assumir que você não se sente feliz? Qual é o problema disso? Eu me surpreenderia se você dissesse o contrário, pois, na nossa sociedade, aprendemos na escola a resolver problemas difíceis de matemática, física, química e passamos anos sem saber como resolver um problema que temos com alguém da família, sem saber perdoar, amar... Conseguimos nos comunicar com pessoas que moram em outro continente, mas não sabemos o nome do nosso vizinho. No jornal, encontramos milhares de cursos sobre como ser um profissional bem-sucedido, mas ninguém nos ensina a nos transformar em um ser humano melhor. Estamos atravessando um momento no qual o homem está sendo confundido com a máquina. Ele é forçado a produzir cada vez mais e com maior agilidade, tanto que a primeira pergunta que as pessoas fazem umas às outras quando são apresentadas é: "O que você faz?" Ou seja, o que você produz? E é incrível constatar que quanto mais você faz, menos se sente preparado. Até nossas relações amorosas estão se automatizando! Antes, os casais faziam amor; hoje eles "dão uma rapidinha" ou "ficam", pois é mais rápido, ágil e não se perde tempo. Portanto, minha querida, se você está se sentindo perdida e, apesar de todos os seus esforços, não sabe o que fazer para se sentir feliz, seja bem-vinda ao time! Somos todos aprendizes da arte de ser feliz! Agora, se você concordar em aceitar o meu desafio...

Hã? Que desafio? Gente, que história é essa? Eu venho aqui pensando em encontrar um guru, um curandeiro, uma fórmula mágica e o cara vem falar em desafio! O que é isso? Desafio maior do que aquele que tenho de enfrentar todos os dias?

– Desafio? Que desafio?

– Eu a desafio a desenvolver a sua inteligência da felicidade!

– Inteligência da felicidade? O que é isso?

– Bem, vamos por partes. O que é inteligência?

Oh, não! Era só isso que me faltava! Por um momento cheguei a pensar que o personal da felicidade fosse um homem saradão que realizaria meus desejos mais íntimos e, para não notar sua burrice, eu teria de fazer a linha camarão: ignorar a cabeça e aproveitar o corpo! Agora me vejo diante de um senhor de idade, bonzinho e muito simpático, que me questiona a respeito de inteligência?!

– Bem, sei lá, inteligência é a capacidade de se adaptar, deve ser isso, não sei...

– É isso também! Há várias definições de inteligência: capacidade de resolver problemas, capacidade de criar, potencial biopsicológico... Há também várias descobertas a respeito da inteligência, mas uma das mais fantásticas é que a mente humana não desenvolve apenas um tipo de inteligência, como se pensava antes, mas diferentes inteligências: sonora, linguística, espacial... E agora estou desafiando você a desenvolver a inteligência da felicidade! Por isso, perguntei se você se sente feliz.

Como respondi que não estou, ele está me chamando de burra! Ah, não, é demais para mim! O que eu faço? Dou um soco nele? Não! Vou esperar para ver no que vai dar essa conversa.

– E, se eu não me sinto feliz isso significa, de acordo com sua tese, que sou burra no quesito felicidade?

– Não, de jeito nenhum eu quis ofendê-la. Como acontece com os outros tipos de inteligência, talvez esteja faltando estimular a inteligência da felicidade em sua vida. Essa é a proposta desse desafio!

– Mas o que é inteligência da felicidade? Como vou saber se alguém é inteligentemente feliz?

– Lembre-se de um momento em que se sentiu muito feliz.

– Quando estava apaixonada por Antônio, meu primeiro namoradinho.

Ai, que vergonha de abrir minha intimidade para um estranho.

– O mundo parecia colorido, não é? Você conseguia ver o lado bom das coisas, e viver parecia mais leve, apesar das dificuldades.

– É isso mesmo! Mas o que isso tem a ver com a inteligência da felicidade?

– Se eu pudesse definir, de forma simples, uma pessoa que desenvolve a inteligência da felicidade é alguém capaz de se sentir apaixonado!

– Como assim?

– No dicionário, a palavra "paixão" é definida como um entusiasmo muito vivo. Entusiasmo provém da palavra "anima", que significa alma. Portanto, desenvolver a inteligência da felicidade significa desenvolver a capacidade de se apaixonar, de se entusiasmar, não apenas pelo outro, mas por si mesmo, por sua vida! Esse desafio a convida a resgatar sua alma perdida, seu entusiasmo. Para os gregos, uma pessoa entusiasmada era aquela que tinha o seu deus vivo!

– Como posso desenvolver essa inteligência, me entusiasmar com a vida e, ao mesmo tempo, viver em um mundo cheio de pobreza, guerras e conflitos?

– Aí está o grande ponto! A inteligência da felicidade não é determinada pelo que acontece, mas, sim, pelo modo como você lida com o que acontece. Enquanto uns preferem ficar reclamando do governo por "não melhorar essa situação", outros arregaçam as mangas e se unem em trabalhos voluntários, procurando contribuir de alguma forma para a felicidade do mundo! Esses, com certeza, têm a inteligência da felicidade mais desenvolvida.

– Por que esse seria um desafio?

– É preciso muita coragem para nos responsabilizarmos tanto por nossa felicidade como por nossa infelicidade. É mais fácil fazer parte da massa de pessoas que preferem passar a vida culpando o governo, os pais, o chefe, os ex e o carma pela infelicidade do que se responsabilizar por ela. Por isso, antes de dar qualquer explicação sobre nossos encontros, eu gostaria de lhe perguntar: você quer aceitar o desafio? Quer realmente se responsabilizar por sua felicidade?

Ai, ai, ai, e agora? Como vou sair dessa enrascada? Mesmo achando que esse homem é mais um charlatão que tenta enganar pobres donzelas indefesas – ok, nem tão donzela assim, vai –, vou aceitar esse desafio, pelo menos para poder desmascará-lo. Mas eu vi a minha prima, e ela está tão bem!

– Você fez esse desafio para a minha prima?

– É claro!

– E ela aceitou?

– Não só aceitou, como está fazendo quase tudo, quase terminando. Você achou que ela mudou?

– Não, não reparei muito.

Não vou dar bola para ele, senão ele vai começar a se achar o máximo... Mas, se a minha prima pode, eu também posso. Quem sabe esse desafio realmente me ajuda? Vou arriscar.

– De qualquer forma, parabéns para ela.

– Mas não foi você quem a ajudou?

– Não, eu só dou as instruções. O resto é com você. Por isso, me intitulo *personal* da felicidade. Assim como para ter um corpo esteticamente belo e saudável você precisa praticar exercícios diariamente, para desenvolver a inteligência da felicidade você precisa praticar os ensinamentos que vou lhe passar.

– Como assim?

– O seu desafio se resume em aceitar praticar sete ensinamentos que apresentarei em nossos próximos encontros. Primeiro, você vai sentar-se e dizer tudo o que sentir vontade, sem pensar muito. Apenas entre na sala, sente-se nesse divã e diga o que quiser, sem se questionar se é certo ou errado, feio ou bonito. Solte a voz, permita-se conhecer melhor a pessoa que você jamais poderá abandonar. Reconheça seus medos, suas frustrações e alegrias e seja ouvinte de si mesma. Depois, darei as instruções necessárias para você praticar.

– Desculpe-me, mas já estou cansada de conhecer regrinhas e fórmulas mágicas de terapias para atrair a felicidade. Cansei de fazer anos de terapia e continuar na mesma. A estante da minha casa está cheia de livros de autoajuda, e hoje sou capaz de defender uma tese sobre meus problemas, minhas neuroses e minhas dificuldades familiares, mas não consegui resolver nem um sequer. Tornei-me uma Ph.D.: problemática, honorável e desiludida.

— Esse é o problema: você está cansada de teoria porque percebeu que apenas informação não resolve nada. Não que os livros que você leu não sejam bons, mas acreditar que só o fato de lê-los vai melhorar a sua vida é o mesmo que crer que alguém se torna médico lendo livros de medicina. Para conquistar um corpo saudável, não adianta ler revistas sobre boa forma, é preciso exercício, determinação e prática! É por isso que falo em "prática": quero que você exercite o seu músculo da felicidade!

Meu Deus, onde fui me meter! Agora estou me sentindo uma louca participando de uma aula particular com um personal *da felicidade. Se minhas amigas souberem disso, serei alvo de chacota pelo resto da vida. Não consigo acreditar em nada do que esse desequilibrado diz!*

Como se lesse minha mente, ele continua:

— Antes de marcar nosso segundo encontro e de você ter acesso aos sete ensinamentos para desenvolver a inteligência da felicidade e se sentir uma pessoa verdadeiramente feliz, quero pedir-lhe que não acredite em nada do que estou dizendo! Duvide de tudo o que eu lhe pedir para praticar!

— Como?! Eu não preciso acreditar em você?

Ai, gente, agora não estou entendendo mais nada mesmo! O que você faria no meu lugar?

— Não! Quero que você duvide, pratique os ensinamentos e apenas confie em mim se sentir resultados práticos em sua vida. Como afirmou o filósofo grego Aristóteles, "a dúvida é o princípio da fé".

Como assim, duvidar? Essa é uma jogada de marketing. Ele diz isso para eu me sentir mais segura e não sair correndo daqui, apavorada. Mas e se eu sentir que devo acreditar nele? Vou pagar para ver. Aliás, agora chegou a pior parte: saber quanto vão custar esses encontros. Aposto que ele vai cobrar o olho da cara. Mas, se for muito caro, é claro que eu não caio nessa ladainha, não!

– Quanto vai me custar cada encontro?

– Você diz financeiramente?

– É claro!

– Financeiramente, nada.

– Que espécie de profissional é o senhor? Faz parte de alguma instituição de caridade? Alguma seita? Já sei, não deve cobrar nada agora para mais tarde entrar com um processo e me arrancar até as calças, não é mesmo?

– Hahaha... Você é muito engraçada!

Pronto, agora ele deu para me chamar de palhaça!

– Não vou cobrar nada nem hoje e nem depois.

– Sei, vai trabalhar de graça? Está com dó de mim? Não vai ganhar nada com isso?

– Não estou com dó de você e tenha certeza de que vou ganhar muito fazendo isso.

– Ganhar o que de quem, se eu não vou pagar?

– Quando você começar a conhecer e a praticar os ensinamentos, entenderá que vou ganhar mais do que imagina, mas de outra forma. Agora, gostaria que você relaxasse, voltasse para casa e se preparasse para nosso segundo encontro. Até lá!

Desculpe-me, meu querido, mas não sei se vou voltar.

– Estou sentindo sua insegurança. Você está confusa e com tanto medo que é capaz de não voltar mais.

Gente, ele é vidente. Está decidido! Ele descobriu o que pensei.

– Não, é que estou muito ocupada, passando por um momento profissional que é uma loucura.

– Sei que, se você veio aqui, foi por alguma razão. Isso é muito bom. Se você se sentir muito insegura, converse com sua prima sobre o que ela passou. Só estou aqui para ser um facilitador da sua felicidade; quem vai realizá-la é você.

RESISTÊNCIA À MUDANÇA

Escolha seus pensamentos, porque eles se tornarão suas palavras.
Escolha suas palavras, porque elas se tornarão suas ações.
Escolha suas ações, porque elas se tornarão seus hábitos.
Escolha seus hábitos, porque eles se tornarão sua personalidade e esta, por sua vez, se tornará seu destino.
THE ESSENCE OF DESTINY

DEPOIS de meu primeiro encontro com Oswaldo, tive vários impulsos de ligar para ele e desmarcar a consulta seguinte. Pensei até em telefonar para minha prima, mas não quis dar o braço a torcer. Como contaria meus segredos mais íntimos a um estranho? Seria ridículo! Além disso, se ele tivesse o poder de fazer os outros felizes, teria ficado famoso e milionário com a venda da receita.

Algo em mim, porém, não me deixava desmarcar o encontro. Era como se eu precisasse conhecer os ensinamentos, aplicá-los e provar que ele era um charlatão. Afinal, eu não tinha nada a perder e estaria fazendo um bem para a humanidade se o desmascarasse, pois evitaria que outras pessoas caíssem em sua lábia. No entanto, e se eu realmente pudesse, por intermédio dos ensinamentos, me sentir mais feliz? Como ele havia assegurado que eu não precisava acreditar nele, não custava nada verificar. Que loucura, às vezes estamos tão acostumados com a desgraça que, quando aparece uma luz, nem acreditamos que ela vai nos ajudar.

Precisaria de uma boa ajuda para me livrar de Warlen, que, para variar, havia me sobrecarregado de trabalho. Nos últimos tempos, não saía do escritório antes das oito, nove da noite. Ficava com raiva porque precisava sair às seis para encontrar o meu Apolo. Mas, como sabe que sou solteira e não tenho ninguém, Warlen abusa! Não sei como a mulher dele o aguenta. Bem, pelo menos ele havia trocado o cinto. Em vez do cinto preto puído, agora ele usava um marrom puído.

Quando ele me passou aquele monte de trabalho, tive vontade de dizer: "Ô, seu idiota! Quem você pensa que eu sou? Pensa que não tenho nada para fazer?" Eu realmente não tenho muita coisa para fazer, mas isso é problema meu. Tenho certeza de que Warlen age assim por não suportar mais a mulher. Imagino como deve ser a casa dele: nervoso, ele desconta na mulher, que, irada, bate no filho maior, que espanca o caçula, que chuta o cachorro, que faz xixi no tapete e deixa o Warlen mais nervoso ainda.

Saudade do meu Apolo! Onde será que ele trabalha? Como eu gostaria de conhecer aquele homem, dizer um "oi". Mas não, acabo chegando em casa às dez da noite, cheia de trabalho, sozinha, sem que ninguém me telefone e pergunte como eu estou. As pessoas me convidam para sair, mas eu queria mesmo era atender a um telefonema especial, sabe? Daquela pessoa que pergunta "como você está?" e quer realmente saber como estou. Foi quando decidi aceitar o desafio do Oswaldo e tomei coragem de pedir ao Warlen para sair mais cedo.

Que absurdo, engasguei na hora de pedir para sair no horário! Não sei se você já reparou, mas vivemos deixando de lado direitos básicos. Como seria diferente se, no trabalho, a gente pudesse alegar que está triste ou com TPM e ir para casa. Mas a gente sempre tem de inventar alguma doença. No metrô, quem encontro? O meu Apolo, com uma mulher ao lado. Será a namorada? Não é possível, ela não é tão bonita assim. Apesar de que não é preciso ser bonita, porque se a secretária-simpatia Cátia arrumou marido…

Chego à casa do Oswaldo e, sem conseguir segurar meus pensamentos, digo tudo o que sinto a respeito dele.

– Desculpe-me, Oswaldo, mas passei a semana inteira pensando nesse "desafio" e cheguei à conclusão de que é uma tolice uma mulher culta e inteligente como eu acreditar que a prática de sete ensinamentos, um por semana, me fará uma pessoa inteligentemente feliz em dois meses e meio. Ho ho ho, senhor Papai Noel, posso estar carente, mas doida ainda não fiquei.

– Compreendo a sua descrença. É normal as pessoas resistirem à mudança.

– Não estou resistindo à mudança, só estou me sentindo uma idiota!

– Quando você está sozinha em uma festa, sentindo-se deslocada, e encontra uma pessoa conhecida, você se aproxima, mesmo que não simpatize muito com ela, só para amenizar o desconforto, não é mesmo?

Nossa, como ele é! Ao contrário do que pensei, paciente e atencioso! Despejei tudo nele, e ele continua calmo.

– É, na última festa a que fui, me senti tão deslocada que me sujeitei a ficar horas conversando com uma antiga colega de classe que tinha o apelido de "Cachoeira Ambulante" porque cospe para falar. Cheguei em casa ensopada, como se tivesse tomado chuva!

– Esse é um comportamento comum. Quando uma pessoa viaja para o exterior e encontra alguém da sua nacionalidade, os dois começam a conversar como se fossem amigos. Simplesmente, porque há algo familiar entre eles.

– Tudo bem, e o que essa história toda tem a ver com o fato de eu estar querendo sair dessa palhaçada de desafio?

– Essa atitude é esperada porque toda proposta de mudança gera desconforto, medo, insegurança e, para a maioria das pessoas, é melhor ficar na mesma situação, ainda que elas não estejam felizes, do que se arriscar a escolher algo novo. Este é o seu momento de escolher: continuar na mesma ou arriscar algo diferente? Cuidado com suas escolhas, pois elas determinam o seu destino. Entendeu?

– Mais ou menos.

– Vou ser mais claro: estou lhe oferecendo a oportunidade de conhecer novas formas de se sentir mais feliz. Se isso vai ser bom para você ou não, só o tempo dirá. Você não tem absolutamente nada a perder e, no entanto, prefere ficar com a "Cachoeira Ambulante" porque, pelo menos, essa situação você já conhece! Menina, onde não há medo e insegurança não há coragem, e onde não há coragem não existe vitória! Permita-se vencer!

– Mas acho muito difícil ser feliz nos dias de hoje. Quase não conheço ninguém que se sinta realmente feliz. Por isso sua proposta me soa utópica.

– Antes de lhe transmitir o primeiro ensinamento para que você comece a estimular a inteligência da felicidade, quero que me responda: o que é felicidade?

– Não sei ao certo, mas vou me sentir feliz quando estiver amando, realizada no meu trabalho, ganhando dinheiro, satisfeita com o meu corpo... Enfim, quando começar a atrair a boa sorte. Sei lá, felicidade deve ser isso!

– Antes que eu responda, por favor, pegue nessa gaveta ao seu lado o *heediscopcos* para mim.

– Pegar o quê dentro da gaveta?

– O *heediscopcos*!

– O que é isso?

– Aí está a minha resposta sobre felicidade. Como você pode abrir a gaveta e procurar algo que não sabe o que é?

– E o que isso tem a ver com felicidade, Oswaldo?

– Tudo! Você está procurando algo que não conhece e, como já afirmou Santo Agostinho, "Só procuramos no mundo aquilo que conhecemos". Logo, se você não conhece a felicidade, não pode encontrá-la.

– Agora eu fiquei confusa. Mas eu procuro a felicidade!

– Isso significa que você, de alguma forma, a conhece. Em algum momento de sua vida, você já se sentiu muito feliz e satisfeita. Foi uma sensação tão boa que você a procura desesperadamente, sujeitando-se até a tomar remédios para se sentir assim novamente. Feche os olhos agora e procure se lembrar de um momento de sua vida em que se sentiu assim.

Embora ache que ele é louco, fecho os olhos e volto no tempo. Lembro como era maravilhosa a sensação, quando era pequena, de receber um beijo de minha mãe toda noite antes de adormecer. Ela dizia para eu dormir com meu anjo da guarda e eu me sentia protegida e amada... Feliz!

Falo desse momento e Oswaldo continua:

– Está vendo? Naquela época, você não tinha dinheiro, trabalho e nem namorado, mas se sentia feliz! Portanto, como já expliquei em nosso primeiro encontro, *a felicidade não depende do que você tem nem do que acontece com você.*

– Então, depende de quê?

– De você! Aproveitando seu exemplo: para outras crianças, o beijo de boa-noite da mãe nada significava, mas, para você, era tudo: um gesto de proteção, amor e felicidade.

– Estou começando a entender.

– A inteligência da felicidade depende mais de como você interpreta o mundo ao seu redor que do modo como lida com o que lhe acontece.

O que esse homem diz começa a fazer sentido, mas, se essas práticas me levarem a interpretar tudo o que me acontece de forma a me sentir feliz, com o tempo vou me parecer com aqueles missionários solitários, pobres e sujos que passam a vida meditando nas montanhas e acham o mundo lindo!

– Mas de que adianta eu me sentir feliz e continuar gordinha, solteira e trabalhando em algo de que não gosto? Continuo tendo azar, mas agora sou uma azarada feliz!

– Aí está o segredo. Isso não vai acontecer! Há uma frase do filósofo japonês Mokiti Okada que revela um dos grandes mistérios por trás da boa sorte: "Alegrem-se, que coisas alegres virão!" Quando você desenvolve a inteligência para se sentir mais feliz, entra em um nível de energia superior e começa a atrair tudo o que verdadeiramente deseja. É como se descobrisse a senha, ou melhor, a frequência de rádio correta para escutar músicas melhores. Sabe aquelas pessoas que nascem na mesma família, recebem a mesma educação, mas uma prospera na vida em todos os sentidos, enquanto a outra só passa dificuldades?

– Sim, conheço muitos irmãos assim.

– De alguma forma, aquele que, aparentemente, atrai a boa sorte consegue elevar sua vibração e sintonizar as ondas de rádio da prosperidade, da felicidade, do amor! O primeiro irmão pode ter mais QI, mas o outro tem mais inteligência da felicidade.

– E como esses ensinamentos podem me ajudar?

– Eles a estimulam a desenvolver sua inteligência da felicidade e a ajudam a elevar seu nível de vibração a ponto de começar a atrair a felicidade. Isso é, você vai passar, dia a dia, a construir a sua boa sorte! Chega de ficar sentada esperando a boa sorte bater em sua porta. Se Maomé não vai à montanha, ela dá um jeito de atraí-lo até ela! Nesse caso, você é a montanha, e esses ensinamentos vão ajudá-la a atraí-lo! Então, vai se arriscar?

– Não tenho nada a perder, não é mesmo?

– Então, prepare-se agora para falar tudo o que sentir vontade sobre sua vida. Depois, você vai conhecer o primeiro ensinamento para se sentir mais feliz.

POR QUE ELA TEM MAIS SORTE DO QUE EU?

Aprender é mudar.
Buda

É tão estranho falar tudo que vem à minha mente! Parece fácil, mas se torna difícil quando o ouvinte é um estranho. Começo, porém, a desenrolar o fio... Oswaldo me escuta com atenção.

– Por onde posso começar? Ah, lembrei! Ontem assisti a um filme. O mesmo que vi na semana passada, na retrasada e na anterior. Para variar, ela estava linda, como sempre. Em uma cena, ela estava simplesmente maravilhosa: descia uma escadaria de uns 150 degraus com um vestido que tinha uma cauda tão comprida, mas tão comprida, que, ao chegar embaixo, ainda se via parte da cauda no primeiro degrau! Nesse momento, o homem da vida dela entra em cena, pega-a com a força de um Hércules e a traz em direção ao peito, deita-a nos braços, olha bem no fundo dos olhos e a beija loucamente. Quando o beijo termina, o batom está intacto, sua boca perfeita, sem nem um borrão. Não é o máximo?

Oswaldo não responde e eu continuo:

– Como deve ser bom ser diva! Acordar e dormir maquiada. E o cabelo, então? Lisinho, brilhante, parece que ela já nasceu com a chapinha feita. O corpo, nem se fala, dá até raiva. Fiquei o filme inteiro tentando achar, e não a encontrei, uma gordura localizada, um culote, um furinho de celulite! A diva é uma mulher confiante, sem problemas. Não sei por que existem mulheres que nascem assim. Deve ser sorte, destino, talvez um contato especial com os poderes do universo que nós, reles mortais, não temos. Ela realmente deve se sentir um ser especial, iluminado...

– E você, como se sente? – pergunta Oswaldo.

– Agora, escute a minha história, da vida chata que estou levando. Não estou com homem nenhum há tempos. No trabalho, é sempre a mesma coisa: um dia acordo me sentindo bem-sucedida, realizada, e no outro quero largar tudo e vender coco em Porto Seguro. Como você acha que me sinto levando uma vida dessas? Cada vez mais enrolada, perdida. Tudo bem, pelo menos eu estou pagando já a minha dívida cármica com o Divino de uma vez só, enquanto conheço muita gente que prefere parcelar essa dívida em seis vezes sem juros e aí vai ter de voltar a essa vida mais umas cinco vezes e sofrer aos poucos. Eu, não! Prefiro pagar a minha dívida de uma vez só, ainda que tenha de sofrer um pouquinho mais. Um pouco... É, bastante. Ai, estou sofrendo pra caramba! (*Choro.*) Desculpe-me, mas por hoje é só, não consigo falar mais...

Vergonha total! Falei igual a uma louca e só disse bobagem. Ai, meu Deus! Desci do salto e agora esse homem já viu o pior de mim, sabe que meu caso não tem jeito e passar bem.

PRIMEIRO ENSINAMENTO: OBSERVE SEM JULGAR
(COMO LIDAR COM A HIENA INTERIOR)

Todos julgarão a própria vida muito mais interessante se deixarem de compará-la à dos outros.
HENRY FONDA

– Antes de qualquer coisa, quero me desculpar por rir enquanto você está chorando, mas seu modo de se expressar é muito engraçado. Nossa vida é engraçada.

Agora ele deu pra rir da minha desgraça, isso porque não é com ele.

– De tudo o que você disse, podemos tirar o primeiro ensinamento do nosso desafio: você não sofreria com nada disso se soubesse apenas *observar sem julgar*.

– Como assim, Oswaldo?

– A maioria das pessoas aprende, desde criança, a emitir um juízo de valor sobre tudo: a menina que se senta com as pernas um pouco abertas não tem educação, o menino que chora é mariquinha, quem demonstra muito amor é tolo, e por aí vai... Com o tempo, desenvolvemos dentro de nós o que eu, de forma bem-humorada, chamo de Hiena Interior.

– Hiena Interior?

– Você se lembra daquele desenho animado com uma hiena deprimida que ficava dizendo: "Ó dia, ó vida, ó azar"?

– Lembro, sim!

– Pois, sem perceber, desenvolvemos uma voz interior que julga de forma negativa não apenas as situações, mas a nós mesmos. Dependendo de como lidamos com essa voz, ela pode ou não impedir o desenvolvimento da inteligência da felicidade. Muitas pessoas desistiram dos sonhos sem ao menos ter se arriscado porque deram ouvidos à Hiena Interior, que dizia: "Você não vai conseguir! Você não é capaz! Os outros fazem melhor que você, é muito difícil! Desista".

Se ele soubesse que sou uma dessas pessoas que desistiram dos sonhos com medo de fracassar! Preciso entender melhor essa tal de Hiena porque essa filha da mãe não pode mais atrapalhar a minha vida! E você? Quantos sonhos deixou de realizar por dar valor a essa voz interior? Quantas vezes estou no carro, começo a me empolgar, a querer dançar, mas há alguém me olhando e é como se a minha Hiena me repreendesse: Sua ridícula! Pare de dançar! Sabe de uma coisa? Acho que a gente tem de começar a dançar mesmo dentro do carro.

– Você poderia ser mais claro?

– Vou dar um exemplo das histórias que presenciei. Certa vez, uma mulher me procurou por sentir que o marido a traía. Quando pedi que me contasse por que pensava assim, ela respondeu que, ultimamente, toda vez que ele chegava em casa, mal conversava com ela e já ligava a televisão. Nessa hora, a Hiena Interior dela repetia: "Você é boba, ele não liga para você, deve estar saindo com outra". Então, ela optou por fazer uma Guerra Fria dentro de casa e também quase não falava mais com ele.

– Mas ela está certa! O cara chega, liga a TV e você diz que o problema é a Hiena Interior dela? O problema é o safado do marido, que devia estar saindo com outra e ela percebeu. Nós, mulheres, somos muito intuitivas, e esse é um fato que os homens não entendem.

– Quando eu quis saber se ela havia perguntado ao marido o motivo de estar mais quieto, ela respondeu que não precisava, pois já estava sabendo de tudo. "Tudo o quê?", perguntei, e ela disse que ele devia estar com outro rabo de saia, pois todo casamento passa por essas dificuldades. Para resumir a história, fiz com que ela compreendesse que o fato de o marido ligar a TV e não conversar com ela não significava que estivesse saindo com outra, pois esse era um julgamento dela. Na maioria das vezes, nossos julgamentos pessoais não condizem com a realidade. Expliquei que havia uma diferença marcante entre os sexos, pois, enquanto os homens aliviam a tensão com o silêncio, as mulheres preferem falar e desabafar. Pedi a ela que conversasse com o marido.

– E aí? O que aconteceu? Ela terminou com ele, perdoou-o?

– Não havia o que perdoar. No bate-papo, ele a abraçou, pediu desculpas e explicou que estava nervoso, pois ocorriam cortes na empresa em que trabalhava e ele temia perder o emprego. Ou seja, quando aprendemos a separar o que observamos de nosso julgamento, evitamos muito sofrimento desnecessário.

– E em que esse ensinamento pode me ajudar em relação a tudo que contei da minha vida?

– Você afirma que a diva do filme é perfeita e não tem problema nenhum. Esse, porém, é o seu julgamento, e não necessariamente a realidade. Com certeza, a sua Hiena Interior deve dizer: "Você é uma azarada e ela é uma sortuda".

Como ele sabe que é assim mesmo que me sinto? Será que esse homem é vidente? Ops! Então, preciso parar de pensar, pois ele pode ter o poder da telepatia. Como é difícil controlar meus pensamentos! Atirei o pau no gato-to, mas o gato-to não morreu-reu-reu... Vou cantar para ele não conseguir captar nada. Mas que música ridícula estou cantando! Se ele a captar, vai achar que estou fixada em minha infância. Preciso mudar. Argh, quanto mais quero disfarçar, parece que mais ele percebe.

– Você está nervosa?

– Não, não...

Está aí, ele percebeu. Estou falando: esse homem é vidente, nada de personal *da felicidade.*

– Você está se perguntando como sei que você pensou isso a respeito de si mesma. Acha que sou vidente?

– Não, imagine, que bobagem! Por quê?

Socooooooorro! Agora tenho certeza de que ele lê meus pensamentos.

– Como já disse, a maioria de nós foi treinada, desde criança, a se colocar lá embaixo, a julgar quem foi, quem é e quem pode vir a ser. O perigo está em não saber separar o que se observa do próprio julgamento, ou melhor, da opinião da Hiena Interior. A comparação dificulta o desenvolvimento da inteligência da felicidade, já que não existe na natureza uma folha de árvore igual a outra. Quando nos comparamos a outros, esquecemos que somos únicos e, consequentemente, não nos valorizamos pelo que somos, mas, sim, pelo que gostaríamos de ser. Como afirmou o ator Henry Fonda, "Todos julgarão a própria vida muito mais interessante se deixarem de compará-la à dos outros".

– Aonde você quer chegar com isso? O que devo fazer? Ficar apenas observando? Ficar plantada em uma montanha, olhando os passarinhos? Como explicar isso ao Warlen, meu chefe? Ele nunca entenderá que sou diferente dos outros, que tenho uma natureza única.

– Nesta semana, você vai começar a praticar o primeiro ensinamento: procure observar as situações e as pessoas ao seu redor; principalmente, aquela voz negativa dentro de você, sua Hiena Interior. Tente separar o que observa de seu julgamento, lembrando que nem sempre ele condiz com a realidade. Até a próxima semana!

– Mas você pensa que é fácil chegar ao trabalho e ter de ouvir as reclamações da Cátia, os gritos do Warlen, com aquele cabelo oleoso, e as fofocas da Cíntia, olhando para todos e fingindo que não estou vendo nada? Fingir que todo mundo é lindo e que até o cabelo dele tem a raiz seca? É impossível observar sem julgar!

– Calma, lembre-se de que é uma prática diária e não será estabelecida de uma hora para outra. Precisa de seu tempo e de sua determinação. O primeiro ensinamento desta semana, portanto, é: comece a observar as situações e as pessoas ao seu redor e, principalmente, aquela voz negativa dentro de você, sua Hiena Interior. Procure separar o que observa do julgamento pessoal, lembrando que nem sempre ele condiz com a realidade. Até a próxima semana!

Saio da casa do Oswaldo e passo no supermercado. Detesto fazer compras! Supermercado só é divertido quando você é turista e faz compras em outro país. Mal acabo de amaldiçoar o inventor do comércio, avisto a Paty, toda simpática, metida, para variar, usando uma roupa de ginástica. Assim que me vê, ela faz aquela expressão de alegria, como se fôssemos as melhores amigas:

– Queriiiiiiida! Você está bem?

Por que as pessoas insistem em fazer essa pergunta sem nexo? Será que ela realmente quer saber se estou bem? Eu deveria ser sincera e dizer: "Como posso me sentir bem se estou em um estacionamento de supermercado conversando com você e o programa mais sensual que tenho para hoje à noite é a reunião do condomínio?"

– Oi, Paty! Estou bem, e você?

– Estou ótima! Acabei de sair da ginástica, estou superanimada.

"Ótima" é melhor que "bem". Ela deve ter dito isso só para me humilhar. Tenho certeza disso, porque é o que ela sempre faz. Certa vez, ficou horas fazendo propaganda de um livro e, quando me interessei em comprá-lo, ela disse que não tinha tradução em português. Na hora, minha intuição feminina deu o alarme de que ela estava rindo da minha cara e pensando: "Falo francês, você não fala, la, la, la, la, la, la!" Ai, como essa Paty me incomoda. Metida! Ops, não estou aplicando o primeiro ensinamento! Estou julgando a Paty, que, afinal, disse apenas estar ótima. Bem que Oswaldo me alertou da Hiena Interior... A minha é terrível!

– Recebeu o cartão que lhe mandei quando estava de férias na Califórnia?

– É claro! Muito obrigada por ter se lembrado de mim.

Obrigada o escambau! Foi puro sadismo ela ter enviado um postal com uma foto paradisíaca dizendo que gostaria de compartilhar aquele momento maravilhoso comigo. Poxa, em pleno inverno, eu trabalhando, ela não teve piedade de mim e quis me deixar mais deprimida. Epa, epa! De novo, estou deixando a voz da minha Hiena falar e julgar a Paty. O que deveria ser um gostoso encontro está se transformando em uma guerra, e o pior: uma guerra em que só eu estou lutando. A Paty nem sabe o que se passa em minha mente. Preciso praticar o primeiro ensinamento, preciso aprender a lidar com essa tal de Hiena Interior e contar ao Oswaldo como foi difícil não julgar as pessoas.

Naquela semana, apesar de ter fracassado com a Paty no estacionamento do supermercado, procurei aplicar o primeiro ensinamento no meu dia a dia. Como era difícil não julgar no trabalho! Por mais que eu tentasse, não conseguia tirar os olhos dos cabelos do Warlen. Não reparar como a Cíntia era fofoqueira e a Cátia, mal-humorada, então, parecia uma missão impossível digna de Tom Cruise. Até que aconteceu algo inesperado.

Certo dia, saí mais cedo para almoçar e, no elevador, encontrei a Cátia, com quem nunca tinha propriamente conversado. Ela quis saber onde eu ia almoçar, e a pergunta veio tão à queima-roupa que eu disse o nome do restaurante. Para minha surpresa, ela quis almoçar comigo. Não tive como escapar, lembrei-me do ensinamento e me perguntei por que não almoçar com ela. Lá fomos nós. Pois não é que a Cátia não reclamou do tempo e nem da comida? Pelo contrário, nosso papo foi ótimo e acabei descobrindo o que estava por trás do mau humor da minha colega de trabalho: ela era uma mulher muito sofrida, tinha vindo do interior, batalhado muito. Descobri, ainda, que ela adorava conversar, gostava muito de cinema e, como eu, era apaixonada por filmes de divas. Ela também precisa, de vez em quando, que alguém lhe telefone para perguntar como está. Ah, Oswaldo que prepare os ouvidos em nosso próximo encontro!

POR QUE A PATY ME INCOMODA TANTO?

A maior parte de nossas falhas é mais perdoável do que os meios que usamos para disfarçá-las.
LA ROCHEFOUCAULD

– OSWALDO, nessa semana inteira, fiquei observando, observando, observando... Percebi como essa voz, ou melhor, essa Hiena Interior adora se meter em minha vida. Isso ficou claro quando encontrei uma amiga e, no meio da conversa, ela soltou: "Nossa, como você está linda, mais cheinha, com aspecto saudável!" Na hora, não caiu a ficha, mas depois eu dei por mim que "mais cheinha e saudável" significava mais gorda, gordona. Praticamente, ela me chamou de balofa! Fiquei arrasada porque senti que ela havia dito aquilo para me humilhar, só porque ela é magrinha e faz ginástica toda semana!

– E o que você fez?

– O sangue me subiu à cabeça, mas, antes de tomar uma atitude, me lembrei de uma prática oriental e, respirando fundo, procurei encontrar o *tao*, o equilíbrio pessoal. Disse a mim mesma que não me abalaria com o comentário maldoso, com aquele ataque invejoso! Repeti várias vezes meu mantra pessoal: "Sou uma mulher de verdade!" Olhei para ela e, em cima do salto, respondi: "Não, querida, é que estou em período pré-menstrual e, não sei se você sabe, algumas mulheres retêm líquido nessa fase". Eu me saí bem dessa, não é? Sabe o que a cachorra me respondeu?

– Não faço ideia.

– Ela disse: "Nossa, de novo? Duas vezes no mesmo mês? Na semana passada, você também disse que estava em período pré-menstrual. Isso não é normal!" Aí eu me irritei, porque ficou confirmado o ataque invejoso! Será que ela não sabe que as mulheres sempre querem emagrecer pelo menos dois quilos?

Que atire a primeira pedra a mulher que, no íntimo de sua alma, não quer eliminar, pelo menos, dois significativos quilos! Fiquei arrasada, mas você pensa que isso me derrotou? Decidi que no fim do meu poço havia uma mola e subi com tudo, fingindo que aquele comentário não tinha me abalado. E lá veio ela de novo com aquela perguntinha que eu detesto: "Está namorando?".

– Por que você não gosta dessa pergunta?

– Ela sabe muito bem que nos últimos quatro Dias dos Namorados – conto em dias para não me desesperar – tenho ficado em casa, me afundando em uma caixa de bombons enquanto todo mundo ganha presente e faz amor. Mas sabe de uma coisa? Não ligo para o Dia dos Namorados, uma data que só serve para aumentar o lucro do comércio e ressaltar a falta de criatividade de certos homens que enviam aqueles cartões com frases prontas, só para não escrever nada a não ser apelidinhos cafonas, como Benhê, Mochê, Fofs... O que é Fofs? É fofa com pops? Gatinha, Pitchuquinha, Rosquinha! Rosquinha! O namorado de uma prima só a chama de Rosquinha! Para mim, isso não é apelido, é sinal de desejo reprimido!

– E a conversa com sua amiga? Você está divagando.

– Quando ela perguntou se eu namorava, respondi, poderosa: "Não. Neste momento, estou voltada para minha carreira profissional". Aí, ela emendou: "Nossa, você ainda está sozinha?". Sabe o que me deu vontade de responder nessa hora? Estou sozinha mesmo e sabe por quê? Porque não aceito qualquer um. Não aceito o barrigudo do seu namorado que, depois do casamento, vai ficar soltando gases dentro do cobertor e se virar para o lado e dizer "benhê, apague a luz!", depois virar para o outro e dormir feito um anjo suíno. E tudo isso no dia do seu aniversário de casamento, que ele vai ter esquecido. E você, quando se virar para o outro lado, vai dormir frustrada, vestindo a camiseta que ganhou na última eleição! E mais:

quando você tiver quarenta anos, ele vai trocá-la por duas de vinte! Está bom assim, sua futura frustrada?

– Mas você não respondeu nada disso.

– De jeito nenhum! Respirei fundo e, lembrando-me da filosofia de vida da Hebe Camargo, comentei: "Que gracinha! Que gracinha a sua preocupação comigo, Paty, de querer saber se estou namorando". Ai, essa Paty me irrita! Nesse dia, bem que tentei aplicar o primeiro ensinamento, mas não consegui. Minha Hiena Interior falou mais alto. Não suporto essa menina. Mas olhe, Oswaldo, desejo tudo de bom para ela, viu? Respeito a lei do carma, sei que tudo que vai volta; então, desejo tudo de bom para ela porque não quero correr o risco de voltar na próxima vida como irmã caçula da Paty. Não pense que eu não acho legal a Paty namorar. É muito legal namorar, encontrar alguém especial. Isso é importante e faz parte da vida, apesar de eu estar muito bem sozinha.

Ai, meu Deus, se o Oswaldo soubesse que quero tanto encontrar alguém e até aceito ser chamada de Meu Bem! É melhor parar por aqui porque já estou apelando.

– E nos outros dias? Você conseguiu não julgar?

– Não me lembro.

– Tem certeza?

– Ah! Sim, aconteceu uma vez, com a Cátia, colega do escritório. Nunca tinha saído para almoçar com ela porque a julgava. Então, me lembrei da minha Hiena.

– É bom você começar a valorizar suas pequenas vitórias; senão, desistirá no meio do caminho, como muitas pessoas fazem: elas só focalizam o objetivo final e se esquecem de valorizar a trajetória. Você tem de fortalecer a sua trajetória.

SEGUNDO ENSINAMENTO: EXPLORE AS EMOÇÕES

Das nuvens mais escuras cai água clara e fertilizante.
Provérbio chinês

— Responda com sinceridade: que sentimento você tem quando fala de sua amiga, ou melhor, da colega, Paty?

— Ah, sei lá, eu a acho um pouco metida, aparecida. Toda vez que a gente se encontra, ela...

— Não estou lhe pedindo para falar da Paty e nem expressar um julgamento pessoal. Quero saber de você, é você quem é importante nesse momento. O que você sente, que emoção vem?

— Vou ser sincera. Até admiro a Paty...

— Admira?

— É, pode ser...

— Mas percebi inveja quando você falava da Paty.

— Inveja, eu?

— É, você e muitas pessoas sentem inveja, ódio, medo e preferem reprimir essas emoções, por considerá-las negativas, em vez de encontrar soluções através delas.

— Como assim?

— Vamos partir para nosso segundo ensinamento: *por trás de cada sentimento, há uma necessidade que foi satisfeita ou que precisa ser.* O segredo está em explorar as emoções para descobrir suas reais necessidades. Se você sente saudade de um amigo e o encontra, qual é a sua emoção? De alegria e de satisfação porque a sua necessidade de revê-lo foi satisfeita, não é mesmo? Isso também acontece com as emoções consideradas negativas. Por trás delas, sempre há uma necessidade reprimida. Em relação à Paty, quando você a inveja porque ela é magra, determinada a fazer ginástica e tem namorado, é maravilhoso!

– Você está ficando maluco? Sentir inveja é maravilhoso? É um horror!

– É claro que não! Só se torna um horror quando você utiliza esse sentimento para destruir o outro, em vez de aproveitá-lo para construir o melhor que há em você. A palavra "inveja" vem do latim *inviere*, que significa "não ver". Você sente inveja da Paty porque ela representa algo que você não está enxergando em si mesma. Por exemplo, você também sente a necessidade de se cuidar melhor, de praticar uma atividade física e de encontrar uma pessoa especial. Vou lhe contar a história de Carlos. Esse homem, muito bem-sucedido profissionalmente e bem casado, me procurou porque sentia um vazio muito grande que o deixava deprimido a ponto de precisar se internar várias vezes em clínicas anti estresse. Ao chegar a este segundo ensinamento, pedi a ele que pensasse nas ocasiões em que mais sentia esse vazio. Carlos respondeu que se sentia assim no trabalho, mas não entendia o motivo disso, pois ganhava bem e não tinha do que reclamar. Com o tempo, ele percebeu que a causa do vazio se devia ao fato de reprimir a tristeza em relação ao emprego. Apesar de ser bem-sucedido no que fazia, ele não conseguia satisfazer sua real necessidade.

– Que necessidade?

– Quando era mais novo, ele queria ser professor, mas seu pai o incentivou a fazer engenharia. Apesar de ter se dado bem financeiramente com a escolha, emocionalmente ele era infeliz. Dessa forma, quando percebeu que a tristeza não era um sinônimo de falta de valorização, mas representava uma necessidade de sua alma, decidiu supri-la, lecionando à noite para pessoas carentes. Com isso, seu ânimo melhorou, sua produtividade no trabalho aumentou e ele até recebeu uma promoção. Imagine se ele tivesse ignorado a tristeza, achando que era estresse ou apenas parte da vida?

Gente, é verdade. Nesse ano, eu havia tentado me matricular em uma academia oito vezes. Eu tinha pago os planos adiantados, tinha assinado todas as revistas sobre boa forma. No entanto, não havia conseguido. Isso me incomodava mesmo na Paty! Ela acorda para caminhar às seis da manhã e ainda vai para a academia fazer musculação. Não é que, de repente, o que Oswaldo está falando faz sentido?!

– É estranho o que você está dizendo. Durante a minha vida inteira, fingi não sentir raiva, tristeza, inveja; pelo contrário, sempre reprimi esses sentimentos.

– Por isso, você e muitas pessoas passam a vida infelizes, sem saber o que fazer e o que realmente desejam. Uma hora querem mudar de emprego, depois falam que só se sentirão felizes quando comprarem uma casa... E por aí vão, eternamente insatisfeitas, porque não mergulham nas emoções. Afinal, isso dói! Dói reconhecer que você tem inveja de sua amiga porque ela está conseguindo o que você gostaria de conseguir. Quando você aceita esse fato, porém, começa a se conhecer melhor, a identificar os sonhos e desejos de sua alma. Então, quando você vai à luta em busca de amenizar essa dor e suprir a sua necessidade, percebe que os sentimentos que considerava negativos, na verdade, eram seus melhores amigos, pois lhe indicavam o caminho da verdadeira realização. Usei o exemplo da inveja, mas poderia falar de todas as emoções. Não as ignore! Para estimular o desenvolvimento da inteligência da felicidade, explore suas emoções, pois elas são a chave da descoberta de suas reais necessidades. Lembre-se sempre deste provérbio chinês: "Das nuvens mais escuras cai água clara e fertilizante".

Esta semana demorou para passar, pois, por onde andava, não encontrava lugar para meus sentimentos. No trabalho, apesar de fazer treinamento de motivação, é meu chefe quem mais me desmotiva. Em família, nunca pude me expor. Percebi que não acho espaço para o sentimento. As pessoas, quando me encontram, só perguntam o que faço. Poucas olham em meus olhos e procuram saber como realmente estou me sentindo. Então, o mais difícil nesta semana foi me conectar aos sentimentos. Nem sabia mais o que sentia.

Até que fui a uma festa no sábado à noite. Era uma comemoração de despedida da minha prima Cláudia, que havia conseguido uma bolsa de estudo para cursar Cinema nos Estados Unidos. A família inteira se reuniu na casa dela. Nos últimos tempos, eu vinha fugindo dos encontros familiares como o diabo foge da cruz. Não aguentava mais minhas tias gordas e frustradas apertando minhas bochechas como se eu tivesse cinco anos e perguntando quando eu iria me casar. Tampouco suportava louvar as mesmas histórias que meu tio conta quando se vê rodeado de sobrinhos. Cansei de ficar horas fingindo nunca ter ouvido seu relato de quanto ele sofreu na vida para chegar aonde chegou, de como teve de catar lixo na rua e plantar tomate antes de se tornar um grande empresário. Não sei por que ele ainda não criou uma multinacional para desiludidos... Poderia até ficar mais rico.

Fui à festa em consideração à Cláudia. Quando éramos pequenas, fizemos teatro juntas e queríamos seguir carreira de artistas. Admiro-a muito por estar conseguindo chegar lá. Admiro? Não, na verdade, eu não só admiro, estou me sentindo... Não pode ser! Ela é minha prima e gosto muito dela. É que o fato de ela estar realizando os sonhos faz com que eu me lembre de que abandonei meu sonho de ser artista. Vou aplicar o novo ensinamento. Não posso mais me enganar, Oswaldo disse que todas as emoções são úteis para me ajudar a me conhecer e eu não quero destruir minha prima. Ela merece o que está vivendo, batalhou por isso, mas vou aproveitar esse momento para dizer que eu *sinto* inveja e estou triste *porque preciso* realizar meus verdadeiros sonhos!

Bem, já que entramos nesse assunto... E você, que está me acompanhando, realizou seus verdadeiros sonhos? Sente que essa é a vida que realmente queria? Quer saber de uma coisa? Quem sabe esses ensinamentos me ajudam a realizar meus sonhos? Quem sabe...

É POSSÍVEL ENCONTRAR UM GRANDE AMOR?

*Àquele que tem tudo lhe será dado;
daquele que não tem, tudo lhe será tirado.*
JESUS CRISTO

— BEM, Oswaldo, hoje vou direto ao assunto, não quero mais me enganar. Nessa semana, procurei observar minhas emoções e cheguei à conclusão de que tenho várias necessidades que preciso satisfazer. Uma delas é me permitir amar novamente, ter um grande amor. Cansei de enganar a mim mesma e aos outros com aquela ladainha de que estou sozinha por opção. Quero namorar novamente, mas não sei o que está acontecendo, se está difícil encontrar alguém ou se sou eu que não tenho sorte. Nesses últimos tempos, decidi que faria uma revolução para encontrar o homem da minha vida: cortei o cabelo, comprei roupas, liguei para as amigas e ouvi os ensinamentos das Frenéticas: "Abra as suas asas, solte suas feras, caia na gandaia e entre nessa festa!". Eu caí na gandaia, Oswaldo, mas foi com a intenção de encontrar o homem da minha vida, porque nós, mulheres, não saímos à toa, não! No íntimo de nossa alma, queremos encontrar o amor verdadeiro. Então, decidi sair para ver se poderia encontrar esse homem maravilhoso em uma danceteria.

— E o que aconteceu?

— Ao chegar, vi um cara bem interessante que me chamou a atenção. Disse para minhas colegas: "Gente, aquele cara é uma gracinha, estou sentindo uma energia, acho que vai rolar algo. De repente, ele é o homem da minha vida! Hoje vou dançar muito! Quem sabe o universo está conspirando a meu favor e encontro esse homem que tanto procuro? Vou dar um jeito de ajudar o destino e chamar a atenção dele". Pois é, Oswaldo, fiquei quase três horas tentando chamar a atenção daquele homem: tropeçava nele, mexia no meu cabelo várias vezes, dançava ao seu lado e ele não me notou! Custava olhar para mim e dizer "oi"? Afinal, um simples "oi" pode mudar uma vida! Certa vez, uma amiga estava em uma pastelaria quando um homem lhe disse "oi". Ela respondeu "oi" e os dois hoje estão casados e têm dois filhos. Resumo da ópera: tudo seria diferente se as pessoas falassem mais "oi". Mas comigo isso não aconteceu e acabei voltando sozinha para casa.

TERCEIRO ENSINAMENTO: PRATIQUE SEU PODER DE AÇÃO

O rio atinge seus objetivos porque aprendeu a contornar obstáculos.
LAO-TSÉ

– Interessante essa história da danceteria, mas quantos "oi" você disse? – pergunta Oswaldo.

– Eu? Nem um.

– Então, prepare-se para o terceiro ensinamento, que vai estimular sua inteligência da felicidade: *quem apenas reage às situações não utiliza seu poder de ação, e é ele que transforma nossa vida.* Na danceteria, você apenas reagiu à situação em seu redor, não se posicionou como agente transformador. Agiu como aquele tipo de pessoa que, quando vai à praia e está chovendo, fica chateada; quando faz Sol, fica feliz. Sua felicidade depende dos acontecimentos.

– Queria que eu agarrasse aquele homem à força?

– Não necessariamente, mas você condicionou a sua felicidade ao fato de conhecer alguém. Precisa passar a agir e não depender do que lhe acontece. Você poderia, por exemplo, dizer "oi" para o homem da danceteria. Aja e melhore o seu carma!

– O quê?

– Já que você fala tanto em carma, você sabe o que essa palavra significa?

– Uma dívida contraída em outras vidas que você tem de pagar?

– Carma simplesmente significa ação e reação. Como aquele ditado de que você colhe o que planta.

– Então devo ter plantado alguma semente ruim em minha vida passada para estar colhendo esses frutos estragados?

– Aí está a maravilha! Não importa o que você plantou ou o que já fez. Se você está colhendo um fruto de que não gosta, comece a plantar algo de que gosta para, na próxima colheita, se sentir mais feliz! Você pode mudar o seu carma mudando o seu modo de agir.

– Ah, mas tanta gente faz o bem e não desfruta de uma vida melhor que a minha. Às vezes, eu me pergunto: para que estudar e trabalhar tanto se há gente que não faz nada e ganha mais do que eu?

– Se a gente não está aguentando mais a situação e procura algo melhor é porque conhece isso também. O que você começar a plantar colherá logo, não vai demorar.

– Duvido!

– Quero que você duvide, pratique e veja o resultado. Comece a plantar coisas boas e será isso que vai colher, não precisará de três vidas mais à frente. Você vai entrar na vibração da felicidade e se elevar nas ondas da felicidade e da prosperidade.

– É tão simples assim?

– É. Se você plantar o mal, colherá o mal; se plantar o bem, colherá o bem.

– Mas o que eu quero é ser feliz, caramba!

– Você quer colher felicidade?

– É lógico, estou aqui para quê?

– Então, plante felicidade! Assim você desenvolverá cada vez mais a inteligência da felicidade e se sintonizará com a vibração da boa sorte. Afinal, para atraí-la é preciso mostrar força, pois semelhante atrai semelhante. Um mendigo não tem força; pelo contrário, demonstra fraqueza. O que você oferece a um mendigo?

– Esmolas.

– Então, se você se colocar na posição de um mendigo, isto é, pedir e mendigar afeto, oportunidade, amor e sucesso, receberá apenas esmolas da vida. Agora, se você assume a posição de quem pode oferecer, doar e ajudar, se tornará forte. Jesus Cristo já dizia: "Àquele que tem, tudo lhe será dado; daquele que não tem, tudo lhe será tirado".

– Nossa, o Júlio, homem do meu último relacionamento, que durou dois meses, sempre me deixava esperando seus telefonemas e fazia com que eu me sentisse assim mesmo. Não era uma ligação que eu esperava, eram migalhas de amor. As migalhas que ele me dava porque era noivo. Como pude aceitar isso? Naqueles dois meses em que saímos, eu ficava esperando, superempolgada, a bondade dele de me encaixar na agenda para dar uma puladinha de cerca de vez em quando. Só agora percebo que estava mendigando afeto, e não é isso que quero para mim.

– Uma das maneiras de estimular o desenvolvimento da inteligência da felicidade é criar situações para aumentar seu poder de ação. Em vez de esperar que as coisas aconteçam, agora você vai fazer acontecer. Por isso, a partir de hoje, você precisa ouvir, no mínimo, três "muito obrigado!" por dia, ou seja, deixar alguém grato a você. Como só sentimos gratidão quando alguém contribui para a nossa felicidade, você vai começar a plantar felicidade e, com o tempo, é o que vai colher. No seu caso, vou acrescentar algo mais: diga "oi" para uma pessoa que você sempre teve vontade de cumprimentar, mas nunca teve coragem.

– Ih! Meu Deus, como vou receber um "muito obrigado" no trabalho? Quem vou elogiar? A Cíntia? O que vou dizer para ela? "Cíntia, você é uma fofoqueira muito simpática"? E para o Warlen?

Por ironia do destino, assim que saio do consultório e entro no metrô, quem encontro? Ele, no seu terno e gravata, com jeitinho de cachorro sem dono, o meu Apolo. Preciso começar a praticar o terceiro ensinamento. Penso em chegar perto dele, simplesmente dizer "oi" e fazer algum elogio. Com certeza, ele responderá "muito obrigado" e, então, poderemos nos conhecer melhor, namorar, casar, ter filhos e fazer bodas de prata. Ai, que loucura!

E se ele não gostar e me maltratar, dizendo: "Você tem coragem de falar 'oi' para mim, sua encalhada que não tem o que fazer?", ou então: "Desculpe-me, mas eu sou gay, está bem, queridinha?". Posso achar que ele está me paquerando, mas, na verdade, está admirando a cor dos meus cabelos e quer saber que marca de tintura uso. Estou fazendo tudo errado, já o estou julgando. Não estou praticando o primeiro ensinamento e estou deixando a minha Hiena falar. E, ainda por cima, não consigo agir e fazer o bem. Simplesmente, tenho de ir até ele, cumprimentá-lo, fazer algum elogio e desejar-lhe um bom-dia. Desse jeito, serei sempre burra no que se refere à inteligência da felicidade. Eu vou até lá! Leitor, ajude-me e faça figa. Não vale rir da desgraça alheia; por favor, ponha-se no meu lugar.

Oh, não, ele já desceu. Podia ser o homem dos meus sonhos e eu o deixei escapar. Por um momento, achei que ele sorriu para mim. Imagine, besteira. Preciso ter coragem de ir atrás dos meus sonhos, mas por que será que fujo deles? No próximo encontro com Oswaldo, vou lhe perguntar sobre isso. Quem sabe o quarto ensinamento pode me ajudar?

Não vou negar que hoje acordei meio desanimada por ver frustrada minha tentativa de ontem e ter permitido que minha Hiena se manifestasse. Como ela não cala a boca, não consegui cumprimentar o meu Apolo, deixei que ele escapasse e agora não sei se vou ter outra oportunidade com ele. Acho difícil receber três "muito obrigado" por dia. Como vou fazer para isso acontecer? Esse Oswaldo é louco. É muito fácil mandar os outros fazerem, quero ver ele fazer. Mas a minha prima melhorou tanto... Não posso desistir, estou no terceiro ensinamento, só faltam quatro.

Chego ao escritório e, logo que entro no elevador, penso em elogiar o primeiro que encontro pela frente. Ah, não! Olhe quem vai entrar no elevador comigo: a Cíntia Candinha, a estagiária que vive fazendo fofoca. Nossa, que homem estranho ao meu lado, parece que dormiu com o pé esquerdo. E essa outra, então, lembra uma vaca ruminando ao mascar chiclete. Detesto elevador, é uma situação constrangedora dividir um espaço de três metros quadrados com pessoas estranhas, que entram e falam aquele "oi" de elevador e depois ninguém sabe para onde olhar. Não vou ser nada simpática com a Cíntia. Faço uma cara de sono e, assim, ela não tem liberdade de ficar fofocando comigo.

Já sei! Vou ficar olhando os números do painel do elevador: um, dois, três, quatro, cinco... Que chato ler sempre os mesmos textos. Bem que poderiam pregar reportagens na parede dos elevadores para a gente não ficar lendo coisas idiotas. Lá, lá, lá, preciso distrair a minha mente e o meu olhar porque, se depender de mim, fico reparando nos outros, não vou negar. Nossa! Olhe o sapato que a menina do sétimo andar está usando, é do tempo do guaraná de rolha!

Que bom, chegamos. Agora preciso me preparar para fazer muitos elogios. E se pensarem que enlouqueci? Afinal, nunca elogiei ninguém antes. E se acharem que é interesse? O Warlen pode achar que estou querendo alguma coisa. Se eu cumprimentar a Cátia, talvez ela pense que resolvi sair do armário. Calma, muita calma agora. É só um simples elogio, todos nós gostamos de ser elogiados.

Ainda é muito cedo, a maioria das pessoas acorda de mau humor. Vou esperar até às dez horas. Depois, começo a elogiar os colegas de trabalho. Dá-lhe dez, treze, quinze, dezoito horas, e nada de elogios. Warlen pediu que eu bole um treinamento sobre como lidar com pessoas difíceis. Esse foi o trabalho mais fácil que fiz nos últimos tempos. Deve ser legal dar palestras. Tenho vontade, mas não sei falar em público, não tenho jeito para isso.

Saio do trabalho chateada por não ter tido coragem de praticar um simples ensinamento. Sempre que pensava em elogiar alguém, eu me sentia intimidada. Quando achava estar tudo acabado, encontro, no elevador do meu prédio, o síndico, seu João, sempre simpático. De repente, ele me pergunta se estou cansada. Agradeço a pergunta e o elogio por ter trocado a lâmpada da entrada social do meu andar. Já havia saído do elevador em direção à minha porta quando ouço sua resposta: "Muito obrigado". Então, percebo que posso praticar o terceiro ensinamento com qualquer ser humano. Procure fazer o mesmo, leitor. Quem sabe você não se sai melhor do que eu?

Agradecer a atenção do seu João por ter trocado a lâmpada é um ato simples, mas poderoso o suficiente para aliviar o cansaço que trago do trabalho. Faz com que eu entre em casa com uma comichão de satisfação pelo corpo. Poderoso a ponto de dar sentido ao meu dia, como se ele tivesse valido a pena só pelo fato de eu fazer alguém feliz. Os *ensinamentos começam a se encaixar*, penso, vibrando enquanto escovo os dentes antes de me deitar e me deixar embalar por uma sensação de aconchego que me faz cair no sono quase imediatamente. Como nem um remédio para dormir – nem mesmo o meu, que, naquela noite, pela primeira vez em anos, esqueço de tomar – jamais havia feito.

Duvida? Então, faça a experiência. Não precisa ir muito longe. Comece praticando o terceiro ensinamento com qualquer pessoa que estiver ao seu lado, aquela na qual você talvez nunca tenha reparado. Arrisque um elogio, tente ouvir os três "obrigados-nossos-de-cada-dia". Ah, sem essa de timidez, faço questão de que você tenha a mesma sensação que tive naquela noite antes de dormir. A sensação de que não estamos nesta vida a passeio e de que ela vai muito além de trabalhar, ver televisão, comer e dormir. E que você perceba, como disse Oswaldo, que se coloca muitas vezes na posição de mendigo, esperando receber, sem se dar conta de que tem muito para oferecer e pode, sim, fazer de cada dia um dia diferente.

Naquela noite, dormi tão serenamente como nos tempos em que dançava e sonhava ser uma diva do teatro. O meu sonho abandonado! Por que fujo tanto dele? Vou perguntar isso ao Oswaldo em nosso próximo encontro. Quem sabe o quarto ensinamento não me dá uma luz?

POR QUE FUJO DOS MEUS SONHOS?

*O segredo da vitória é ter
a consciência do risco de perder.*
DANILO BARROS

NA semana seguinte, ao chegar à casa de Oswaldo, disparo minha metralhadora falante:

— Não sei o que acontece, mas parece que fujo daquilo que mais desejo. EU FUJO DOS MEUS SONHOS! Por exemplo, o deus grego, um homem que quase todo dia encontro no metrô... Morro de vontade de conhecê-lo porque sinto no meu coração que o destino deseja nos unir. Durante essa semana, tentei praticar o terceiro ensinamento com ele e até ensaiei um texto para falar, como: "Oi, você me parece bem especial, sabia? E eu lhe desejo uma ótima noite!" Ridículo, não é? Provavelmente, ele não me daria o menor valor. No máximo, tiraria uma moeda do bolso e perguntaria que instituição de caridade frequento. Isso, claro, depois de se recuperar de um acesso de riso.

— Então, você nem tentou dizer "oi". Está de novo dando mais atenção à Hiena Interior do que a si mesma, hein?

— É fato que os homens não gostam de mulheres que demonstram interesse e só valorizam quem não os valoriza.

— Todos os homens do mundo são assim?

— São. Se não são é porque ainda não descobriram...

— Não descobriram o quê?

— Que são *gays*, ora! Só um *gay* sabe realmente o valor de uma mulher.

— Então, pense em três mulheres que você conhece e que são felizes no relacionamento amoroso.

— Nossa, há várias: a Cátia, a Ana, a minha irmã, a...

– Elas não devem pensar o mesmo que você em relação aos homens.

– Porque não passaram pelo que passo.

– De todos os homens do mundo que você acredita que não valorizam as mulheres, quantos a decepcionaram?

– Um, o Otávio. A mãe dele, aliás, errou o nome do imbecil. Onde era para pôr "R" pôs um "V".

– Pergunte a você mesma o motivo dessa decepção. Ou melhor, o que você esperava do Otávio que ele não fez?

Esse Oswaldo está começando a me irritar. Agora quer que eu fale do Otávio? Esse cara não é nem mais página virada na minha vida, é página rasgada.

– Bem, conheci o Otávio há três anos, na festa de aniversário de um primo meu. Foi um ótimo começo, pois essa situação reforçou o conceito de ser uma "menina de família". Durante horas, conversamos sobre tudo: previsão do tempo, cinema, teatro, saúde, amizade, namoros desfeitos. Parecia que nos conhecíamos havia anos. Como estava sozinha fazia quase seis meses, sem dar um mísero beijinho de selinho, fiquei superempolgada com ele e achei que encontrara meu príncipe encantado. No fim da festa, apesar de estar quase apelando para a telepatia a fim de descobrir o telefone dele e passar o meu, disfarcei e fingi que não estava esperando nada daquele bate-papo, que encontrar alguém e ficar cinco horas e meia conversando era algo corriqueiro para uma mulher culta e interessante como eu.

– E o que aconteceu?

– Quase na hora da despedida, ele pediu meu telefone e prometeu ligar no dia seguinte para sairmos. Lembro bem que ele usou duas vezes o verbo ligar na mesma frase: "Amanhã eu ligo, pode deixar que eu ligo". Isso seguido de um abraço forte e de algumas gracinhas de duplo sentido...

No dia seguinte, acordei radiante e já estava pensando como seria meu vestido de noiva quando o ponteiro do relógio começou a rodar, rodar, rodar, e nada do tão esperado *trimmm*. Uma tortura. Acho que deveria existir a Associação das Vítimas que não Receberam a Ligação Prometida. Ela obrigaria aqueles homens que não cumprem a promessa de telefonar a pagar indenizações às mulheres, pois elas perdem muito dinheiro com o estresse. Haja livro de autoajuda, terapia, fita de meditação, mãe-de-santo, gasolina – sim, porque as mães-de-santo nunca moram perto da nossa casa. Além disso, há a verba para desfazer o "trabalho" feito por um ex-namorado que fechou os nossos caminhos e é por isso que não damos certo com ninguém. E, assim, quando completei dezoito meses esperando a ligação do Otávio, percebi que ele não ia mesmo ligar e desisti. Afinal, como todas as minhas amigas disseram, meu erro foi deixar que ele percebesse que havia ficado muito interessada.

QUARTO ENSINAMENTO: DESAPEGUE-SE

Eliminando-se o apego, a felicidade vem.
YAMODORI

Depois de ouvir atentamente a história de Otávio, Oswaldo dá sua opinião:

– E, por isso, quase três anos depois, você acha que todos os homens do mundo vão agir exatamente como o Otávio! Ora, sem perceber, com essa história você mesma respondeu por que foge do que mais deseja. Na verdade, você não foge do que deseja, mas da dor que poderá sentir caso não consiga o que está desejando. Muitas pessoas sofrem tanto por não ter seus desejos realizados que preferem não se arriscar a sentir a dor da frustração novamente. Só que, para ganhar, precisamos correr o risco de perder.

– É muito bonito o que você está dizendo, mas falar da vida alheia é fácil. Estou cansada de palavras inspiradoras, quero ver isso na prática! Afinal, o que posso fazer para melhorar, para ir atrás dos meus sonhos?

– Você precisa começar a praticar o quarto ensinamento: desapegue-se! Você só tem medo de se frustrar e sofrer novamente hoje porque está apegada ao sofrimento de ontem.

– Não estou apegada, você está enganado.

– Quando foi mesmo que o Otávio ficou de ligar e não ligou?

– Sei lá, não lembro bem... Acho que foi no dia 11 de outubro de 1999!

– Nossa! Você lembra o dia, o mês e o ano?

– É claro! Para me acalmar, escrevo todas as minhas frustrações e tristezas em um caderninho. Essa é uma técnica de relaxamento.

– E, também, uma excelente técnica de apego! Se você carrega essa frustração há três anos, imagino quantas mágoas, tristezas e decepções não traz nesse tal caderninho.

Nossa, é verdade. O que já escrevi naquele caderninho daria para virar um livro. Só que, para ser publicado, ele deveria trazer na capa a seguinte frase: "O Ministério da Saúde adverte: 90% das pessoas que leram este livro tentaram o suicídio". Pensando assim, sou extremamente apegada a tudo o que me fez mal.

– Ok, mas como o desapego vai me ajudar a parar de fugir dos meus sonhos?

— Seguindo aquela lei da física segundo a qual dois corpos não ocupam o mesmo espaço ao mesmo tempo: como você quer colocar felicidade na sua vida se ela já está preenchida com lamentações? Como encontrar um lugar para os sonhos onde já há tantas desilusões? É preciso retirar o velho para que o novo possa entrar. Essa medida é fundamental para desenvolver a inteligência da felicidade.

— Mas é muito difícil pôr isso em prática.

— Vou lhe contar a história de uma pessoa que aplicou o quarto ensinamento com sucesso. Bete era linda e inteligente. Estava sozinha havia muito tempo, desde que terminara uma relação de quase seis anos. Vários homens se interessavam por ela, mas os relacionamentos não iam adiante. Quando comentei com ela sobre a importância do desapego, ela começou a praticá-lo e, em pouco tempo, encontrou uma pessoa muito especial.

Blá-blá-blá. Quem ouve pensa que isso vai acontecer. Eu, por acaso, sou a Bete? Quero ver a Bete na minha casa, passando pelo que passo, com a minha idade e ainda solteira, trabalhando com o Warlen. E as outras? Quero ver a Paula, a Ana e a Joana. Quero ver você! Se realmente você fizer isso em pouco tempo, crie o seguinte curso: faça uma faxina interior e arrume um homem ou receba todo o seu dinheiro de volta. Mas não vou dizer isso para o Oswaldo. Tadinho, ele é cheio de boas intenções e é tão simpático... Apesar de que não custa tentar. Será a minha Hiena Interior me atrapalhando? Ah, agora só experimentando para descobrir.

— E como se pratica esse ensinamento?

— Comece a se desapegar das coisas mais visíveis, que só estão ocupando espaço em sua vida. As roupas que você não usa mais, por exemplo, inclusive aquelas que você guardou para usar depois que emagrecesse.

Assim, metade do meu guarda-roupa vai embora. Não vai dar, não! Aquelas roupas são minha única esperança de conseguir, pela vigésima oitava vez, fazer dieta.

– Depois, passe para as fotos, as cartas de relacionamentos passados, os presentes dos quais não gostou, o brinco que está à espera do par perdido. Encontre espaço para o novo, desapegue-se.

– Mas, assim, não vai sobrar quase nada. Guardo roupas, sim, mas com a finalidade de me incentivar a emagrecer. Guardo fotos e cartas de ex-namorados, mas para lê-las de vez em quando e recordar momentos felizes.

– Vou lhe contar uma história para você me entender melhor. Certo dia, o guardião de um mosteiro zen-budista morreu. Foi preciso, então, encontrar um substituto. O Grande Mestre convocou todos os discípulos para determinar quem seria a nova sentinela e lhes disse: "Assumirá o posto o primeiro monge a resolver o problema que vou apresentar". Em seguida, colocou uma mesinha magnífica no centro da enorme sala onde estavam reunidos e, em cima dela, pôs um vaso de porcelana muito raro com uma rosa amarela de extraordinária beleza a enfeitá-lo. Disse, apenas: "Eis o problema". Todos ficaram olhando o vaso belíssimo e a flor maravilhosa, perguntando-se o que aquilo representaria. Qual seria o enigma? Nesse instante, um dos discípulos sacou a espada, dirigiu-se ao centro da sala e, *zapt*, destruiu tudo com um só golpe. Tão logo o discípulo retornou a seu lugar, o mestre determinou: "Você será o novo guardião do mosteiro".

O que têm a ver minhas roupas com esse zen-budista atacado? Enquanto os monges meditam no Tibete, eu tenho de trabalhar. Enquanto estou no trânsito, desesperada, eles fazem o ritual do chá! Como esse povo vai entender meus conflitos existenciais na cidade grande? Quero pegar um zen-budista desses e deixá-lo no meio da Avenida Paulista com contas a pagar, preocupações no trabalho, medo de sequestro-relâmpago e ver o que acontece com ele. Paaaare que não aguento essas historinhas orientais que entulham nossa caixa de e-mails. Como se gostar desses contos nos tornasse superevoluídos e supercultos. Pena que aplicar a moral dessas histórias não dê certo em minha vida, pois meus problemas não se resumem a um vaso com flor. É o que digo ao Oswaldo.

– Mas meus problemas não se resumem a um vaso com flores no meio de uma sala. Em que essa história pode me ajudar?

– O que acabei de contar é uma metáfora, uma das maneiras mais eficazes de transmitir conhecimento e valores em profundidade desde o início de nossa civilização. É preciso, contudo, meditar em seu significado mais profundo para aproveitar seus ensinamentos. Se você encará-la de forma preconceituosa ou não tiver paciência para refletir sobre seu conteúdo, tudo o que conseguirá fazer será uma crítica arrogante e superficial.

Pronto, lá está ele lendo meus pensamentos de novo. Disfarce, finja que captou o mais profundo significado e que, no fundo, está quase chorando de tanta emoção pela florzinha detonada.

– Vale a pena ir além desse primeiro momento e realmente refletir sobre o que a metáfora quer dizer. Manter-se em silêncio e tentar descobrir o ensinamento disponível. Se você fizer isso, vai experimentar o gosto da sabedoria. Por exemplo...

Mas foi mais ou menos o que eu fiz. Comecei direitinho: fiz uma crítica arrogante e superficial do zen-budista atacado!

– Essa história – continua Oswaldo – nos ensina que não importa como um problema se apresenta. Mesmo que seja belíssimo, se for um problema, precisa ser eliminado. Ainda que se trate de roupas, fotos românticas, lembranças de um ex-namorado... A importância do desapego não está nos objetos em si, mas no sentimento que se imprimiu neles. O que você sente ao abrir seu armário e encontrar as roupas que não servem mais?

– Sinto que preciso me esforçar mais para emagrecer. E também fico um pouco decepcionada comigo mesma por me achar fraca.

– Como você quer emagrecer assim? Uma pessoa desanimada não consegue ser determinada por mais que esteja consciente da necessidade de fazer algo. Agora, o que você sente quando lê suas cartas de amor antigas?

– Que um dia eu fui feliz...

– E que hoje você não é! Está vendo? Você se apegou a uma felicidade do passado e, ao compará-la com sua situação atual, sente-se infeliz. Lembre-se de que dois corpos não ocupam o mesmo espaço ao mesmo tempo. É difícil desenvolver a inteligência da felicidade onde há tristeza.

Estou achando essa conversinha muito estranha, mas vou praticar o desapego só para mostrar ao Oswaldo que ele está errado. Até parece que limpar o guarda-roupa vai influenciar a minha vida. Isso é a maior babaquice! Mas minha prima melhorou tanto, não custa arriscar. De repente, pode dar certo comigo. Aliás, estou fazendo um favorzão aos leitores servindo de cobaia. Apesar de que, se tudo der errado em sua tentativa, leitor, não venha me culpar depois.

– Está bem, seu Sabe-Tudo. Depois de fazer uma faxina em minha vida, qual é o próximo passo? Dou tudo para uma instituição carente e vou meditar na montanha?

– Não, minha querida. Quero que você observe seus sentimentos e emoções quando estiver se desapegando e, na próxima semana, já consciente desses sentimentos guardados a sete chaves em seu coração, venha preparada para o quinto ensinamento, um dos mais importantes. Até lá!

O DIA DA GRANDE FAXINA

*Um homem não é outra coisa
senão o que ele faz de si mesmo.*
Jean-Paul Sartre

FORAM dias de ensaio até entrar no meu quarto e começar a me desapegar do que estava ocioso. Era só me determinar a começar que eu sentia a maior preguiça do mundo. Se fazer faxina na bolsa já é um horror, imagine na casa toda e no coração. Eu disse bolsa? Boa ideia, vou começar pela bolsa. Ih, olha esse batom, nem com a unha do dedinho estava conseguindo pegar, mas ainda tinha esperança. Não seria melhor comprar outro? Ops, cartões de mil oitocentos e bolinha. Apesar de que foi um desses que me levou ao *personal* da felicidade. Quem garante que ainda não vou precisar de mais um? Deixe-me ver: esse gerente não trabalha mais no banco, o do corretor de seguros fica, o cartão da escola infantil Minhoquinha Feliz? Mas eu não tenho filho! Vidente dona Quitéria... Gente, olha o cartão da Sônia Franco, aquela terapeuta do quarto andar que se suicidou!

Empolgada, tomo coragem e vou para o quarto, onde o guarda-roupas me esperava, abarrotado. Apesar da determinação, pensamentos do tipo "que trabalheira inútil! E se no futuro você precisar das coisas que jogou fora às onze da noite de um domingo?" teimam em martelar minha cabeça. Durante quase uma hora, ensaio jogar fora várias peças e objetos, mas desisto disso sempre com as desculpas de que ainda podem me ser úteis, têm um significado emocional positivo etc. Até que, de repente, me dou conta de que minha Hiena Interior estava se manifestando. Pois mando a bichinha calar a boca e mergulho na bendita faxina.

A primeira coisa que pego é um casaco verde-limão que tia Magali me deu há nove anos, quando voltou de uma viagem a Nova York. Tão chique! Acho que ela o comprou naqueles *outlets* de ponta de estoque e o trouxe certa de que estaria abafando aqui no Brasil, mas nunca consegui usar porque é para neve. Coitada da tia Magali! Como ele não cabia na mala, sabe o que ela fez? Carregou o casaco na mão e desembarcou com o braço suando. *Bye, bye*, casaco cheirando a naftalina.

Ah, meu *tailleur* com gola de pele de onça não! É o máximo! Eu o comprei em uma loja chiquérrima, foi uma das poucas roupas caras que me dei, havia custado quase meu salário do mês inteiro e o usei apenas uma vez em uma entrevista de emprego. Pena que não funcionou, pois não consegui a vaga. E nunca mais o usei. Mas paguei tão caro por ele! Se bem que é da época em que fazer permanente no cabelo era a última moda (nem existia chapinha ainda), assim como usar um brinco de argola branco enorme com um sapato de oncinha combinando. Ai, como está difícil!

Depois de ficar horas esvaziando o guarda-roupas, decido arrumar uma caixa com objetos antigos: guardanapo de restaurante que nem existe mais, lembrancinha de casamento que já virou divórcio, carta de amor do meu primeiro namorado na escola etc. Essa caixa é mais surpreendente que chapéu de mágico, a cada minuto sai algo inesperado. Até que, enquanto pego meus objetos pré-históricos e os jogo no saco de lixo, encontro algo que mexe fortemente com meus sentimentos: o figurino que usei na última vez que tive coragem de subir em um palco e dançar.

Como em um filme, recordo o dia que começou a mudar para sempre o rumo da minha vida. Cursava o quinto ano de dança, pois, nessa época, eu sonhava ser artista e me tornar uma diva do teatro. Depois de conseguir uma bolsa de estudos na melhor escola de dança e teatro do país, comecei a me destacar como uma de suas melhores alunas. Quando cheguei ao quinto estágio, um dos professores mais conceituados solicitou, como prova final, que criássemos e apresentássemos uma coreografia. Os alunos aprovados seriam convidados a participar de seu novo espetáculo.

A lembrança vem tão nítida que parece que eu o estou vendo ali no meu quarto. Lembro bem suas palavras: "Como todos vocês sabem, hoje ocorrerá uma das provas mais difíceis de dança. Os alunos de nossa escola, em todos esses anos, tiveram a grande oportunidade de aprender com os melhores professores do país. Hoje será avaliada uma coreografia de sua autoria, que servirá para demonstrar todo o talento e criatividade na arte da dança. Vamos, agora, dar início à prova. E já aviso de antemão que serei completamente honesto em minha avaliação, pois esta não será apenas mais uma prova, mas uma crítica determinante para a realização de uma carreira de sucesso. Com vocês, nosso primeiro aluno".

Era eu a primeira aluna! Com um frio na barriga e depois de ter orado para tudo quanto era santo, entrei com o pé direito, tomei posição e comecei a dançar, dançar, dançar... E, enquanto dançava, eu me imaginava em um palco, com a plateia me aplaudindo em pé. Tinha certeza de que o professor amaria minha coreografia e imploraria para que eu fosse a artista principal de seu espetáculo. De repente, a música para e o professor começa a gritar: "Menina, que coreografia é essa? Que música é essa? Que figurino é esse? Isso é uma vergonha! Você passa anos estudando na melhor escola do país e tem coragem de apresentar isso? Reprovada, reprovada, completamente reprovada! Escolha outra carreira, pois você é uma negação na dança. Retire-se, por favor!".

Desse dia em diante, eu me convenci de que não tinha jeito para diva e abandonei meu sonho. Joguei fora as sapatilhas, entrei na faculdade que minha mãe queria que eu fizesse... Enfim, procurei outros caminhos. Com o tempo, percebi que não só havia abandonado o sonho de dançar no palco de um teatro como também passarei a deixar de lado outras coisas que tanto desejava. Ser reprovada naquele teste havia doído tanto que, a partir de então, passei a fugir dos meus sonhos e desejos com medo de me frustrar novamente.

Apesar de ter passado tanto tempo, ainda me pergunto por que o professor me reprovou antes mesmo de eu terminar a coreografia. Como sabia que eu seria um fracasso? Não sei por que ainda choro quando vejo esse figurino... Há coisas que a gente pensa ter esquecido, mas ainda estão muito presentes em nossa vida. Quantas vezes fui ao teatro e não consegui assistir a uma peça até o fim, caindo no choro. O sonho de ser artista ainda está dentro de mim.

Quem sabe os ensinamentos de Oswaldo podem me ajudar a realizar esse sonho meu? Não, isso é um absurdo, não tenho mais tempo para isso. Jamais teria coragem de subir em um palco novamente, ainda mais agora que tenho outra carreira. Minhas sensações, porém, são muito intensas. Será que nunca é tarde demais, como dizem? Só sei que o que eu pensava estar em uma gaveta, arrumado na caixa do meu passado, se mostra mais presente do que eu imaginava.

Consegui me desapegar de muitas coisas no trabalho e em casa nos últimos dias, mas não daquele figurino que havia despertado desejos adormecidos. Tudo aquilo ainda está em mim e precisa ser resolvido. Já sei o que conversar com Oswaldo em nosso próximo encontro.

QUINTO ENSINAMENTO:
TRANSFORME A MÁGOA EM GRATIDÃO

As pessoas que transformaram o mundo foram aquelas que retiraram a palavra impossível do seu dicionário.
MYLES MONROE, ESCRITOR NORTE-AMERICANO

No dia do encontro com o *personal* da felicidade, consigo sair às cinco e quarenta do trabalho. Faço hora para chegar às dezoito ao metrô e encontrar o meu Apolo. E ainda finjo que o destino está me dando uma força. Ah, não, a Cíntia, a fofoqueira de plantão do escritório, se oferece para ir comigo até o metrô. Calma, já estou julgando! Na-na-ni-na-não: quietinha, dona Hiena Interior! Silêncio, pois preciso desenvolver a inteligência da felicidade nem que para isso tenha de ir com a Cíntia até o metrô.

Logo que chegamos à estação, vejo o meu Apolo. O trem chega, vagão lotado, mas eu não quero nem saber: arrasto a Cíntia comigo, apelo para o "um passinho à frente, por favor" e entro.

Minha companheira de viagem estranha não para de falar nem um instante, contando tudo que sabe sobre todos. Apesar de não prestar atenção a uma única palavra do que ela diz, acho ótima aquela situação, porque assim posso dar algumas risadas e mostrar ao Apolo quanto sou divertida. Capricho jogando o cabelo, revirando os olhos, fazendo caras e bocas de surpresa...

Meu Deus, e o Apolo? Reparo no detalhe da meia combinando. Esse homem não só é lindo como se veste muito bem. Ai, acho que ele olhou para mim. Não é possível, ele não pode ter feito isso. Ué, por que não pode olhar? Não sou uma pessoa especial? Ai, meu Deus, sou nada. Quando menos espero, a Cíntia dispara:

— Nossa! Aquele homem está olhando para você.

Operação disfarce, rápido! Essa é uma tática típica de mulher: não dar muita bola para o paquera, senão a colega se interessa por ele. Ela diz que ele é feio para mostrar que é superior a tudo e a todos e que é preciso ser muuuuuito homem para despertar a atenção dela.

– Imagine! Esse horroroso me olhando?

– Não, senhora! Ele está sorrindo para você.

Não sou capaz de olhar para ele, sinto-me como se estivesse imobilizada. Consigo apenas olhar para a mão de uma mulher que tem um anel no dedinho. Minha cabeça continua a não se mover. E a Cíntia insiste:

– Olhe, ele está rindo para você.

Não, não é possível que ele esteja rindo. Deve ser alguma câimbra no músculo da face ou algo assim. Será que a Cíntia está mentindo? Será que esse homem está me paquerando? Quer saber? Vou olhar para ele e sorrir também. Coragem! Um, dois, três e... ele já desceu. De novo! Nunca vou conhecer o Apolo, não é possível!

Chego à casa do Oswaldo quinze minutos atrasada, às sete e quinze. Culpa da Cíntia, que, na hora de se despedir, resolve repassar o boletim semanal informativo da vida alheia. Como não havia deixado minha Hiena Interior abrir o bico, eu me diverti em sua companhia e até sugeri a ela que deveria escrever contos, porque é muito observadora. Ela ficou toda vaidosa e me deu um baita "muito obrigada". Gente, sem perceber, eu havia praticado o terceiro ensinamento!

Sem perder tempo, conto ao Oswaldo tudo o que havia observado enquanto fazia a faxina, ou melhor, a prática do desapego. Depois de ouvir toda a história da prova do quinto ano, ele me perguntou o que eu sentira ao lembrar aquele professor e tudo o que ele dissera.

– Sinto tristeza e mágoa.

– Então, você está preparada para praticar o quinto e um dos mais difíceis e importantes ensinamentos: transformar a mágoa em gratidão.

– Deixe para lá, já faz tantos anos que isso aconteceu que, se eu não tivesse mexido naquela caixa e encontrado meu figurino, jamais me lembraria dessa história.

– Esse é o grande problema: você pode ter esquecido, mas a mágoa continua em seu coração, impedindo a entrada do amor e da verdadeira felicidade. Então, toda vez que se depara com uma situação que pode lhe causar a mesma dor que sentiu ao ser reprovada, você foge. Não se aproxima de uma pessoa em que está interessada, não inicia um projeto... Enfim, foge de tudo que deseja fazer se seus anseios implicam correr o risco de ser rejeitada. É preciso que você transforme a mágoa em gratidão para a felicidade entrar em sua vida. Do contrário, você preenche sua mente com lembranças negativas, que fazem crescer ainda mais o rancor. Você pode esquecer a história, mas a dor que permanece em seu coração enterra todos os bons momentos que teve com aquelas pessoas.

– Como assim?

– Quem tem mágoas enterradas gasta muita energia e, então, surge aquele desânimo que a gente não sabe de onde vem. Quando a pessoa desenvolve a inteligência da felicidade, entra em um estado de entusiasmo que lhe dá energia em tudo e resgata a sua paixão pela vida. E como é que você vai se apaixonar pela vida se guarda tanta mágoa dentro de si?

– Eu não quero me magoar. Se pudesse escolher, ofereceria a outra face sempre que me machucam. Mas meu sobrenome não é Cristo e, ao encontrar aquele figurino, lembrei-me do meu grande sonho abandonado. Eu, que queria tanto estar no palco de um teatro dançando e representando, hoje vivo atrás de uma tela de computador. O que posso fazer?

– Que tal fazer como o Márcio, que não só aplicou o quinto ensinamento como virou um *personal* da felicidade?

– Então existe mais de um louco neste mundo?! Eu pensei que só você fosse *personal* da felicidade. Há faculdade disso?

– Há vários *personais* da felicidade e, para ser um deles, é preciso se sentir realmente feliz e encontrar formas práticas de ajudar as pessoas a desenvolverem a inteligência da felicidade. Você pode ensinar matemática para um aluno da segunda série?

– Posso.

– Sim, porque você já estudou e conhece a matéria. O mesmo vale para a felicidade. Vamos falar do Márcio. Quando ele me procurou, a dificuldade em falar em público estava prejudicando o trabalho dele. Temendo ser demitido, ele aplicou o quinto ensinamento e descobriu quanta mágoa guardava do pai, um homem rígido e dominador. Lembrou que, certa vez, quando era criança, ao defender o irmão mais novo em uma discussão, o pai bateu nele e disse que ele nunca mais abrisse a boca para defender o irmão. Assim, quando ele tinha de defender suas ideias em público, sem perceber, sentia medo de ser reprimido.

– E como ele praticou o quinto ensinamento?

– Toda noite, antes de dormir, ele procurava lembrar os momentos agradáveis que havia tido com o pai e as qualidades dele. No começo, foi difícil, mas, com o tempo, ele percebeu que o pai tinha sofrido para dar uma vida melhor aos filhos e talvez por isso fosse tão rígido. Então, vieram à memória os momentos felizes que dividira com o pai: pescando, jogando bola, tendo a ajuda dele na lição de casa... Até que aquele episódio da discussão ficou tão pequeno que Márcio voltou a sentir amor e gratidão pelo pai.

– E o medo de falar em público?

– Acredite se quiser: hoje ele é palestrante. E foi com o pai que ele praticou o sexto ensinamento, que poucas pessoas conseguem realizar. Mas só vou falar dele em nosso próximo encontro. Quer dizer, se você conseguir praticar o quinto ensinamento.

Já vem bomba de novo. Se está difícil praticar o quinto ensinamento, imagine o sexto! Não sei, não, mas acho que toda essa história do tal Márcio é invenção do Oswaldo para me impressionar. Sou superinformada e nunca soube de nem um personal da felicidade. Como ele mesmo disse em nosso primeiro encontro, não preciso acreditar nele. Pelo contrário, devo duvidar, pois a dúvida é o princípio da fé. Às vezes me pergunto o que estou fazendo aqui. Bem, só me resta praticar o quinto ensinamento para ver aonde isso tudo vai dar.

EXERCITANDO O CORAÇÃO

Para onde quer que vás, leva o teu coração.
Confúcio

NAQUELA semana, procurei praticar todos os dias o quinto ensinamento. Antes de dormir, tentava lembrar os bons momentos que havia vivido com aquele professor. No começo foi duro, só me vinham à mente suas duras palavras no dia da reprovação. A mágoa havia mesmo enterrado os momentos agradáveis. Até que decido voltar ao meu primeiro dia de aula na escola de dança e, então, consigo lembrar que ele havia me recebido com muito carinho.

Na época, minha família passava por dificuldades financeiras: meu pai estava desempregado e minha mãe era professora, mas o salário dela mal dava para o sustento da família. Escondido de meu pai e embora não concordasse com meu sonho de ser artista, ela conseguira juntar dinheiro para pagar duas mensalidades e matar um pouco minha vontade de estudar dança e teatro.

No fim do segundo mês, depois de uma aula com esse professor, comecei a chorar no corredor. Rígido como sempre, ele me perguntou o que estava acontecendo e, ao saber que não tinha mais dinheiro para pagar as mensalidades, intercedeu perante a direção da escola por mim e acabei ganhando uma bolsa de estudo até o fim do curso. "Você tem potencial, merece", ele disse. Naquele momento, não soube nem como agradecer a bondade dele.

Meu Deus, é claro! Apesar de ser bravo e exigente, aquele professor não só me havia ensinado muito sobre dança como me dera a oportunidade de estudar em uma das melhores escolas do país. Esqueci o que ele havia feito durante os cinco anos em que me deu aulas e recordava com mágoa um único dia, o da reprovação, cuja lembrança continua doendo. E hoje dói mais ainda saber que por isso havia abandonado um grande sonho e nunca mais pisara em um palco.

Agora tenho medo, pois os ensinamentos de Oswaldo estão me deixando com vontade de tentar novamente. Sinto-me ridícula em confessar-lhe isso, leitor, mas ainda sonho dançar e atuar.

Estou disposta, porém, a ir até o fim e passo não só a lembrar diariamente as coisas boas de meu professor, mas também a aplicar todos os ensinamentos. Não é que me saio um pouco melhor? Sinto-me mais animada e bem mais feliz.

Para vocês terem uma ideia, converso com Paty no telefone por quase quarenta minutos. Como gosta de falar aquela criatura! Ela me convida para sua festa de noivado. Na hora, minha Hiena Interior fica nervosa achando que ela quer apenas me humilhar. Mas eu a encaro: "Calma, Hiena! Na verdade, você está com inveja porque, no íntimo, sabe que também quer e é capaz de conhecer alguém". E, naquele momento, eu me sinto capaz mesmo.

Quando ela comenta que estava voltando de uma caminhada, a Hiena quer se manifestar de novo, mas eu a lembro a tempo de que seria legal praticar alguma atividade física. Nesse telefonema, consigo aplicar o primeiro ensinamento ao detectar a minha Hiena e concluir que o fato de me sentir incomodada com a Paty não é culpa dela, mas, sim, de minha inveja. E mais: sou capaz de aplicar o segundo ensinamento ao perceber que estou com inveja e detectar as necessidades que se escondem atrás dessa emoção: encontrar alguém e cuidar do corpo.

Isso é suficiente para tomar coragem e me matricular em uma academia de dança. Concluo, ao aplicar o segundo ensinamento e explorar minhas emoções, que minha necessidade não é mexer o corpo com musculação, mas com a dança. Eu quero voltar a dançar.

Os benefícios desse telefonema não pararam aí, pois ainda havia aplicado nele o terceiro ensinamento: ação em vez de reação. Elogiei a determinação da Paty de se cuidar – vocês acreditam? – e ela me agradeceu, dizendo que não imaginava que eu reparasse nisso. Acabou confessando que, no início, havia sido difícil, pois, assim como eu, ela também não gostava de atividades físicas e tinha preguiça de se exercitar. Dá para acreditar nesse papo? Nossa, nessa semana eu arrasei, fiquei feliz! Apesar de os personagens de minha vida continuarem os mesmos, alguma coisa estava mudando, e para melhor. Sem perceber, eu não via a hora de encontrar Oswaldo e conhecer o sexto ensinamento.

Nessa semana, não encontro o Apolo no metrô. Para variar, o Warlen me pede para ficar até mais tarde. Ah, almoço com a Cátia a semana inteira e acontece algo que me deixa grilada. Somos convidadas para assistir a um espetáculo de uma grande diva do teatro.

Ao chegar ao teatro, alguma coisa já começa a me incomodar. Quero ir ao banheiro, mas a luz se apaga e, para sair, eu tenho de passar por sete pessoas, pois estou bem no meio da fileira. Conclusão: preciso aguentar até o fim. Uma gravação pede que as pessoas desliguem o celular, mas em plena sexta-feira à noite? E se um dos meus ex resolve que sou a mulher da vida dele e me liga? Adoto a estratégia de colocar o aparelho no *vibra call*, mas lembro que preciso aplicar o quarto ensinamento e me desapegar do celular. Pronto, desligado! Droga, as balinhas que comprei fazem barulho quando as tiro do saquinho. Como são gostosas – e escorregadias. Um bocado delas acaba de cair no chão. A diva aparece, linda!

Assim que o espetáculo termina e as pessoas começam a aplaudir em pé, eu me lembro do meu sonho e me ponho a chorar. Decepcionada, pois pensava que a mágoa estaria menor, saio correndo para o banheiro, em dúvida se choro ou faço xixi, e é claro que tem fila. Mas só no das mulheres, porque fila é algo desconhecido no banheiro masculino. Não entendo esse fenômeno: eles bebem mais cerveja do que a gente e não vão ao banheiro. O nervosismo aumenta, o xixi pede licença... De repente, percebo que o banheiro de deficientes físicos está vazio. Penso: *Será que Deus me castiga se eu usar este banheiro? É claro que não, pois ele é preferencial para deficientes, não exclusivo. Mas todo mundo vai me olhar com cara feia e me sentirei a vilã da novela das oito. Já sei! Vou mancar.* Sem pensar duas vezes, eu me entorto e vou manquitolando até o banheiro. Que alívio! Quase orgástico!

Na saída, encontro a Cátia, curiosa em saber o motivo do meu choro. Digo que me emocionei com a peça e mudo de assunto. Mas eu sabia que aquela situação de estar dentro de um teatro fez com que me lembrasse do meu sonho abandonado.

Na verdade, eu não queria estar na plateia, queria estar em cima do palco cantando, dançando, atuando – como uma verdadeira diva! Oh, meu Deus! Pensava que essa minha vontade já tivesse passado. Afinal, tenho meu trabalho, não posso reclamar do salário, moro sozinha e, apesar de meus pais morarem no interior e nos vermos apenas uma vez por mês, temos um ótimo relacionamento. Não tenho o direito de me sentir tão insatisfeita. Ai, mas dói tanto! Não sei se você já passou por isso, mas perceber que muitas vezes trilhamos um caminho que não nos realiza é muito difícil.

O que posso fazer? Largar tudo o que construí até hoje, colocar uma mochila nas costas e ir atrás do meu sonho? Parece que esses ensinamentos não estão me ajudando a desenvolver a inteligência da felicidade. Pelo contrário, estou me sentindo cada vez mais perdida, mais burra... Como posso, depois de tantos anos, sonhar ser artista novamente? Isso é uma loucura!

Lembrar meu professor de dança, transformar minha mágoa em gratidão e viver toda essa história está me deixando maluca, não vejo a hora de reencontrar o Oswaldo...

SEXTO ENSINAMENTO:
MATERIALIZE A GRATIDÃO E EXALTE O BELO

Um dia, você aprende que o tempo não pode voltar atrás. Portanto, plante seu jardim e decore sua alma em vez de esperar que alguém lhe traga flores.
SHAKESPEARE

– Oswaldo, apesar de estar me sentindo um pouco maluca por relembrar toda essa história, devo admitir que você tinha razão: a mágoa estava enterrando a gratidão. Lembrei que aquele professor de quem lhe falei na semana passada me arrumou uma bolsa de estudo no primeiro ano da escola. Foi ele que viabilizou meu sonho de ser artista e talvez até tenha me feito um favor ao me reprovar naquele teste de dança. Pensando bem, nunca tive sorte na carreira artística. Meu primeiro contato com o palco foi catastrófico, em um espetáculo chamado *Mamãe Natureza*, em homenagem ao Dia das Mães. Eu tinha sete anos e fiquei tão feliz por ter sido escalada para participar de uma "superprodução" que não via a hora de saber que personagem desempenharia. Meu amiguinho Luiz Alberto pegou o papel de árvore. Quarenta minutos depois da peça, ainda se viam as mãozinhas dele engruvinhadas, tadinho! Do Giovani, que fez o papel de flor, também dava dó: a cabecinha dele era para ser o centro da flor, mas ficava espremida na fantasia que a mãe dele havia feito. E a professora dizia: "Sorria, Giovani, sorria para a mamãe ver".

– Que personagem você interpretou?

– Por que você quer saber? Acho que nem me lembro.

– Não se lembra ou não quer se lembrar?

– Lembrei! Fiz o papel de pedra. Está feliz em saber que fui pedra aos sete anos de idade? Quer trauma pior? A professora ordenava: "Fique quieta! Pedra não fala. Fique quieta! Pedra não fala". Fiquei tão traumatizada que um namorado que eu tive, Carlos Augusto, em uma bela noite olhou para mim e disse: "Teremos uma noite inesquecível, fique quieta e deixe comigo". Não me controlei: "Quieta por quê? Sou uma pedra? Fale na cara, porque para ficar quieta só uma pedra! E pedra é a sua mãe!". Naquele dia, terminei com o Carlos Augusto. Culpa do trauma da pedra e da TPM, cuja sigla já diz: Tendência Para Matar!

– Voltemos ao seu primeiro contato com a arte.

– Naquela época, eu ainda tinha a esperança de desempenhar um personagem melhor na minha carreira artística escolar. Mas o máximo da minha ascensão foi representar o papel de uma das convidadas do casamento da grande quadrilha. Eu... Desculpe-me por chorar na sua frente, mas entrar em contato com essas lembranças é difícil. Eu nunca, em toda a minha vida, fui noivinha de festa junina! (*Choro*) Nunca! Todo ano era sempre uma loirinha de olho azul a escolhida. Aos dez anos de idade, eu pensava em tingir meus cabelos para ver se conseguia o papel de noiva. Por isso, entendo por que tantas mulheres no Brasil apelam para a água oxigenada: elas não conseguiram ser noivinhas de festa junina na infância! Ai, é melhor eu parar por aqui. O que você tem a dizer?

– Respeite seus sentimentos, por mais bobos que possam parecer. Se eles estão vindo à tona é porque são importantes. No começo de seu relato, você disse que a melhor coisa que lhe aconteceu foi ter sido reprovada naquele teste.

— Acho que meu professor estava certo: eu nunca teria jeito para a carreira artística. Ao menos coloquei meus pés no chão e escolhi uma profissão mais sólida. Mas só queria entender como ele, que viu tão pouco da minha apresentação, pôde ter certeza de que eu seria um fracasso. Que critérios ele utilizou para chegar a essa conclusão?

— Você nunca perguntou a ele?

— É lógico que não. Depois de reprovada, nunca mais subi em um palco novamente.

— Não tem curiosidade de saber?

— Tenho, mas por que você está me fazendo essa pergunta?

— Já que você voltou a sentir gratidão por seu professor, quem sabe é possível sanar sua dúvida.

— Como?

— Praticando o sexto ensinamento.

— E qual é ele?

— Você precisa, agora, materializar sua gratidão e exaltar o belo. Quando seu professor a ajudou a obter a bolsa de estudo, como você se sentiu?

— Feliz e muito, muito grata.

— Se pudesse materializar a gratidão, o que faria?

— Diria "muito obrigada" e enviaria flores com um cartão de agradecimento. Mas não fiz isso. Na época, era muito criança, acho que dei um pulo de alegria e não disse nada. Até porque eu me considerava tão boa aluna que acreditava estar fazendo um favor à escola ao aceitar a bolsa de estudo. Nossa, pensar que eu já me achei boa em alguma coisa... Mas aonde você quer chegar com tudo isso? Como materializar minha gratidão se aquele professor já morreu?

Eu sei que ele não morreu. Sei até que está com um espetáculo em cartaz. Com o tempo, ele não só continuou ministrando aulas como se tornou um grande diretor. Acompanho suas entrevistas nos jornais e na TV, mas jamais consegui assistir a seus shows, pois, toda vez que entrava no teatro, eu me sentia mal e ia embora. Como se assistir da plateia ao sucesso dele lembrasse o meu fracasso. Jamais terei coragem de materializar minha gratidão e conversar com ele novamente.

– Bem, se ele morreu, você pode ir ao cemitério e lhe levar flores ou dedicar uma oração a ele.

– Por que preciso fazer isso? Não basta ter a gratidão no meu coração ou preciso mostrá-la a todos?

Está dureza, vou embora. Mas falta tão pouco... Imagine ter de materializar gratidão a uma pessoa que você não vê há tempos, que até já esqueceu. É um caminho muito longo.

– O maior problema da humanidade atualmente é que as pessoas, embora saibam da necessidade de melhorar o mundo, pouco fazem nessa direção. Há quem escreva livros sobre qualidade de vida e se torne famoso; no entanto, sofra de estresse e depressão. Há, ainda, aqueles que vão inúmeras vezes ao médico decididos a emagrecer. Saem de lá sabendo o que precisam fazer, mas simplesmente não conseguem.

Se ele soubesse que toda segunda-feira tento uma dieta nova...

– Você sabia – continua Oswaldo – que muitos filhos magoados com os pais até conseguem perdoá-los, mas não têm coragem de dizer isso? Somos incentivados desde pequenos a expressar coisas negativas, mas o que é belo fica sempre guardado a sete chaves.

– Como assim?

– Antes de lhe explicar, quero dizer que hoje, ao acordar, eu me olhei no espelho e senti orgulho de mim mesmo. Não

tive palavras para expressar minha gratidão pela pessoa que sou. Eu sou realmente uma pessoa maravilhosa! A cada dia me sinto mais feliz e satisfeito comigo mesmo. Sou uma pessoa abençoada pela vida.

Glória, aleluia, todos em oração de agradecimento pela verdade, que mostra sua face. Esse Oswaldo estava demorando para mostrar as garras. Agora deu para se gabar! Ele quer me humilhar: só porque está na posição de professor, acha-se no direito de se considerar superior a mim. Quem ele pensa que é? Desde o início, eu o achei pretensioso e metido; agora, essa impressão se confirma.

– O que você, ou melhor, o que sua Hiena Interior pensou a meu respeito quando comecei a me elogiar?

– Nada, não pensei nadinha...

Será que ele está de novo usando a telepatia para ler meus pensamentos? Sempre me esqueço desses poderes paranormais...

– Que bom que você não pensou nada. A maioria das pessoas pensaria coisas como: "Ele é metido! Quer mostrar que é melhor do que eu". E eu não me espantaria. Como dizia, a maioria das pessoas tem dificuldade de materializar sua gratidão e exaltar o belo, seja a respeito das próprias qualidades, seja a respeito das qualidades alheias. Em nenhum momento, porém, afirmei ser mais que os outros. Simplesmente me valorizei, exaltando o belo que há em mim.

– Mas não é todo mundo que entende isso, as pessoas pensam que é coisa de gente metida, aparecida.

– E se você exaltar o belo no outro, elogiá-lo ou der presentes, acham que tem algum interesse.

– É assim mesmo. Por que isso acontece? Por que temos dificuldade em materializar a gratidão e em exaltar o belo?

– É cultural. Desde pequenos, somos treinados a focalizar o feio e o negativo. A maioria dos professores, ao corrigir as provas dos alunos, aponta apenas os erros, esquecendo os acertos. Muitos pais só chamam a atenção do filho quando ele faz alguma "coisa errada". E, para outros, ficar atento ao número de pecados cometidos é o caminho para entrar ou não no paraíso! Por isso, não sabem elogiar e nem ser elogiados. O elogio, para ser eficaz, tem de se referir à "pessoa", não ao "objeto".

– Explique melhor.

– É comum, por exemplo, ao encontrar uma amiga, dizer: "Que roupa bonita!" Ora, quem escolhe uma roupa bonita é alguém de bom gosto. Portanto, um elogio eficaz seria: "Como você tem bom gosto! Essa roupa a deixou muito bonita". É também o caso da mãe que pega o boletim do filho e, toda orgulhosa, diz: "Seu boletim está ótimo! Nota dez!", quando quem está ótimo e nota dez não é o boletim, mas, sim, o filho!

– E por que você disse que certas pessoas não sabem receber elogios?

– Baseando-me nos mesmos exemplos: se uma pessoa elogiar o seu bom gosto e a sua beleza, você é capaz de responder: "Eu, bonita? Imagine! Nem tive tempo de me arrumar. Paguei tão baratinho por essa roupa".

É verdade! Nunca recebo um elogio, sempre invento alguma desculpa. Quando alguém diz que sou bonita ou algo desse tipo, já tenho aquela famosa resposta na ponta da língua: "Imagine, são seus olhos!" Se for uma amiga íntima, logo digo: "Nem adianta, porque não tenho dinheiro para emprestar".

– E como a gente faz para receber elogios?

– Apenas os aceita. Não permita que sua Hiena Interior a faça acreditar apenas no que é negativo e ignorar o que é positivo. Não pense que é interesse ou mentira da outra pessoa. Responda "muito obrigada" a quem a elogiou e, para você mesma, diga apenas: "Eu sou mesmo!". Valorizar-se não é orgulho e nem vaidade. É um ato de gratidão, pois, se vivemos, é porque alguém nos criou. E, quando valorizamos a criatura, estamos valorizando o criador. A gratidão elimina a mágoa, lembra? Abre caminhos para desenvolver a inteligência da felicidade. Procure exaltar o belo em você, nas coisas e nas pessoas. Essa é a melhor forma de expressar a nossa gratidão pela vida e pelo Criador.

– Como posso exaltar o belo?

– Procure utilizar palavras belas, elogios, gratidão, incentivo. Deixe todos os ambientes de sua casa e de seu trabalho limpos e belos, com flores, sem objetos ociosos que a façam ficar apegada a sentimentos do passado. Exalte o belo em você, seja nos seus sentimentos, seja no modo de se vestir e de falar. Construa o seu paraíso! Lembrando sempre a lei que diz que "dois corpos não ocupam o mesmo espaço ao mesmo tempo", onde há beleza e gratidão, a infelicidade não consegue entrar.

Vão me achar uma louca se eu sair daqui elogiando todo mundo, mas tudo bem.

– Falando assim, parece fácil; mas, na prática, é difícil, principalmente no meu caso. Preciso materializar a gratidão a uma pessoa que eu nem se ainda sabe quem eu sou, ou melhor, que nem sei se está viva.

– Minha querida, desde o início de nossos encontros, afirmei que as práticas não eram fórmulas mágicas, mas podiam ajudar à medida que você as realizasse. Sou um *personal* da felicidade porque lhe transmito as práticas. Realizá-las é com você!

– Mas você nunca me perguntou se estou conseguindo realizá-las!

– Não posso cobrá-la porque quem faz os exercícios é você, eu apenas a instruo. Não sou responsável por sua felicidade. Você é quem é a responsável. Não cobro cada passo, pois não adianta praticar os ensinamentos um dia ou dois meses sem se conscientizar de que a prática deve ser diária. Assim como você está colhendo o que plantou, também vive as consequências das próprias escolhas. Esse ensinamento a convida a começar a plantar uma nova semente, a semente da felicidade. Porém, para colhê-la, é preciso cuidar dela com carinho e regá-la todos os dias. Agora, vá. Até o nosso próximo e último encontro!

Será que vou ter coragem de procurar aquele professor depois de tanto tempo? Sei onde o encontrar, mas ele não deve se lembrar de mim. Sinto gratidão pelo apoio que me deu no episódio da bolsa de estudo, mas ir ao teatro para lhe entregar um ramo de flores e ainda agradecer por algo que ele nem deve lembrar é absurdo.

Não sou capaz de fazer isso, nesse ensinamento Oswaldo apelou! Se isso é desenvolver a inteligência da felicidade, prefiro ser burra! Mas ele afirmou várias vezes que quando eu começar a transformar as mágoas em gratidão e a materializá-las, a felicidade começa a entrar na minha vida. Seria burrice chegar até aqui e desistir. Observar a Hiena Interior realmente tem me ajudado a não prejulgar pessoas e situações; ao limpar meu guarda-roupas, confesso que me senti mais aliviada. Ai, ai, ai, não posso desistir agora, falta só mais um encontro. Preciso ir até o fim, nem que seja para provar que Oswaldo é um charlatão. Vou procurar meu professor de dança, sim.

O GRANDE DIA

*É preciso ter força para ganhar uma guerra,
mas é preciso coragem para se render.
É preciso ter força para sobreviver,
mas é preciso coragem para viver.*
Autoria desconhecida

NO dia seguinte, acordo determinada a praticar o sexto ensinamento, ou seja, ir, à noite, ao teatro para levar flores ao meu antigo professor de dança. Para me sentir mais forte, procuro, desde a manhã, praticar os ensinamentos mais simples, como exaltar o belo nas coisas e nas pessoas, ficar atenta à Hiena Interior e não julgar os outros, aceitar os elogios etc. Depois de horas de indecisão, tomo coragem e vou. Mal chego à bilheteria e compro o ingresso, vejo uma antiga colega do curso de dança do outro lado da rua: Simone.

Será que ela vai se lembrar de mim? Faz tanto tempo. O que será que ela está fazendo aqui? Só falta ter vindo também materializar sua gratidão, pois ela foi reprovada junto comigo no quinto ano e humilhada pelo professor. Ih! Ela está acenando para mim. Vou cumprimentá-la também. Que hora para estar de camiseta regata! Detesto cumprimentar as pessoas a distância e perceber que tenho essa gordurinha ingrata! Ai, sabe o que mais? Vou cumprimentá-la e minha pelanca que balance, acredito que a força da mulher consiste em aceitar sua fragilidade. Vou assumir a minha pelanquinha.

– Oi, Simone, atravesse a rua e vamos conversar!

– Já estou indo...

Nossa! Como ela está mais bonita! Parece que o tempo ajudou.

– Como você está?

– Estou bem, mas que surpresa vê-la aqui!

– É, eu também me surpreendi. Faz tanto tempo que não nos vemos, não é mesmo? Você está fazendo o quê?

– Pensei que você soubesse. Sou a atriz principal desse espetáculo.

– O quê? Pensei que você tivesse desistido do teatro.

– Não, de jeito nenhum. É o que me realiza. E você, faz o quê?

– Estou muito bem, mas trabalho em outra área.

– Eu me lembro de que você era uma das melhores alunas da escola! Eu pensava que qualquer uma poderia desistir, menos você.

– Ah, as coisas mudam... Com o tempo, percebi que o teatro não era muito a minha praia.

– Bem, preciso entrar no camarim, senão me atraso. No fim do espetáculo venha nos procurar! O professor vai adorar revê-la. Tchau!

– Tchau!

Puxa, a Simone, atriz principal? Ela nem era boa aluna, mas tinha muita força de vontade e agora parece uma diva. Até o jeito de falar mudou. Bem que dizem que quem vence nem sempre é o mais talentoso, mas é quem não desiste dos sonhos. Que dor estou sentindo ao olhar para trás e ver o tempo perdido e eu tão longe do meu caminho. O que fiz todo esse tempo? O que fiz com meu talento? Se um dia encontrar Deus e Ele perguntar o que fiz com os talentos que me deu, infelizmente – pelo menos, até hoje – a minha resposta vai ser que os enterrei. Será que ainda dá tempo de desenterrá-los? Uma parte de mim diz que sim e outra jura que não. Estou tão confusa!

Certamente, encontrar pessoas que aproveitaram o tempo e se dedicaram aos sonhos que deixamos de lado nos deixa tristes, mas, de acordo com os ensinamentos, estou sentindo essa tristeza porque tenho uma necessidade. Será que sou capaz de subir em um palco? Quisera eu estar no lugar da Simone! Quando sonhava ser diva de teatro, sempre me imaginava em um camarim branco, maquiando-me em frente ao espelho, ansiosa por entrar em cena, rodeada de buquês de flores. Flores? Ih, esqueci o buquê de flores. Acho que vou vender o ingresso e voltar amanhã. De repente, sexta-feira é um dia melhor.

Sexta, sábado e domingo. Os dias se passaram e não tive coragem de voltar ao teatro para rever meu professor de dança. Como posso praticar esse ensinamento? Ele é tão difícil, não tenho força suficiente. Bem, meu último encontro com Oswaldo é nesta semana. Quem sabe o sétimo ensinamento pode me ajudar a vencer esse desafio?

SÉTIMO ENSINAMENTO:
OUSE REALIZAR SEUS SONHOS COM SUA ULTRA FORÇA

Dê ao mundo o melhor de você, mas isso pode não ser o bastante. Dê o melhor de você assim mesmo. Perceba que, no fim das contas, é entre você e Deus. Nunca foi entre você e as outras pessoas.
MADRE TERESA

Assim que chego ao consultório do Oswaldo, conto-lhe minha tentativa fracassada de praticar o sexto ensinamento. Rindo, ele responde:

— Eu imaginava que isso fosse acontecer.

— Como você me transmite um ensinamento sabendo que vou fracassar em sua prática?

– Eu não sabia; apenas imaginava, pois você não conhece o sétimo e último ensinamento. Se já o conhecesse, a probabilidade de vencer esse e todos os outros desafios seria bem maior.

– E qual é o sétimo ensinamento?

– Ouse realizar seus sonhos com sua ultra força.

– Ultra força? O que é isso?

– No dicionário, a palavra força significa energia, poder. "Ultra" é ir além. Portanto, de forma bem simples, ultra força é o poder que está além. Além do seu poder e de suas forças.

– Pronto, você quer que eu brinque de Mulher-Maravilha?

– Não, quero que você se permita conhecer essa força maravilhosa que está à disposição de todos nós, mas é usada por poucos.

– Você está se referindo a Deus?

– Chame como preferir.

O mistério está desfeito. Meu personal da felicidade pertence a uma seita religiosa e, depois de ganhar minha confiança, tentará me converter. Deixe-me ver como sair dessa... Daqui até a porta são uns quatro metros, a janela está mais perto. Será que consigo pular em um só salto?

– Ah, não! Você é de alguma religião e ficou todo esse tempo querendo me converter?

– Não! Conectar-se a essa força, com Deus, não depende de religião. Depende de religiosidade. A palavra religião vem do latim *religare,* que significa "ligar-se". É importante, portanto, desenvolver a religiosidade para nos ligarmos a Deus, a essa ultra força. Recentes pesquisas sobre o comportamento humano apontam a importância da fé e da confiança em uma força maior, tanto na cura de doenças quanto no dia a dia, para viver com mais motivação, alegria e coragem.

– Se é tão simples assim, por que o mundo está passando por momentos difíceis de guerra, traição, depressão, desilusão?

– Um dos motivos é exatamente esse. As pessoas se esqueceram do poder de Deus, dessa ultra força. Desde os primórdios da humanidade até mais ou menos o século XVIII, as ciências e as artes, salvo alguns raros casos, eram impregnadas pela ideia de que o homem é uma criatura de origem divina; por isso, é protegido e guiado por Deus. O advento da ciência pôs em dúvida a existência de Deus.

– Então a ciência está errada?

– Não estou dizendo que esteja errada, mas não precisamos ir longe para perceber que a ciência, apesar de seus avanços tecnológicos, não contribui para nossa felicidade. Em vez de educar para ser feliz, cria remédios antidepressivos. Em vez de ensinar a comer de forma saudável, cria remédios para saciar nossa fome e eliminar o exagero. Em vez de aumentar nossa confiança e coragem, cria drogas que dão a sensação de poder. A mesma sociedade que oferece um banquete só acha bela a magreza. Isso deixa todo mundo confuso! E onde há confusão não há paz. Como afirmou Einstein: "A ciência sem Deus é coxa e a religião sem a ciência é cega". Acredito que o erro foi separar a ciência da religião.

– Mas como acreditar nessa ultra força, nesse Deus, que me protege e me guia?

– Pense comigo: morrer é muito fácil, em uma fração de segundo tudo vai por água abaixo. É facílimo perceber essa força quando percebemos que somos salvos diariamente. A pessoa entra no carro, liga o rádio, pensa no trabalho, toca o celular e ela continua dirigindo, ouvindo música, falando de vários assuntos. Além disso, entra em contato com várias bactérias e vírus que estão no ar, e nada lhe acontece!

– Mas por que essa ultra força, esse Deus, quer me salvar? Por que vou acreditar que algo se interesse por mim e pelo que faço?

– Atualmente, muitas pessoas chamam essa força que nos salva diariamente de "instinto de sobrevivência" ou de "autopreservação". Em um tempo antigo, Platão e outros grandes filósofos acreditavam que cada pessoa vinha a esta vida com um destino a realizar, um chamado para concretizar uma missão especial. Para isso, o Criador oferece à criatura talentos e dons especiais que facilitam a realização de sua missão a fim de melhorar nosso mundo.

– Você quer dizer que Deus me ofereceu dons e talentos especiais para realizar uma missão e contribuir com a construção de um mundo melhor? Oswaldo, mil desculpas, mas achar que, sozinha, posso melhorar o mundo, além de pretensioso, é patético.

– Aí está o ponto-chave: você não está sozinha. Todos nós somos dotados de talentos e capacidades especiais para realizar nossa missão. E, quando fazemos isso, quando ouvimos o chamado de Deus, concretizamos nossa vocação, sentimos a verdadeira realização e, então, desenvolvemos ainda mais a inteligência da felicidade. Por isso, não adianta ter dinheiro, ganhar muito e estar bem casada, se a pessoa não consegue realizar sua missão. Há pessoas que, apesar de mergulhar em dinheiro, se afundam em um mar de lamentações. Elas evoluíram até certo ponto, mas esqueceram o primordial, que é entrar em contato com a sua missão. Esse passo é fundamental para desenvolver a inteligência da felicidade. Quando nos sentimos felizes, temos forças para ajudar outras pessoas. Se cada um se sentisse realizado e feliz, não haveria tanta discórdia e conflitos no mundo.

– Como saber qual é minha missão, como ouvir esse chamado?

– Deus se comunica conosco de várias formas: por meio dos sentimentos, das pessoas, dos acontecimentos e, principalmente, de nossos verdadeiros sonhos.

– Verdadeiros sonhos?

– Geralmente, são os sonhos de criança que guardamos a sete chaves. Quando somos crianças, estamos mais conectados com essa força, pois a influência externa ainda não teve tempo de contaminar nossa verdade. Se você observar uma criança de três anos correr, pular e arriscar-se a conhecer o mundo sem nada de mau lhe acontecer, sentirá o poder que a salva diariamente dos perigos. Portanto, diga seus verdadeiros sonhos que eu direi quem você é!

Nossa! Será que todos esses anos eu me senti infeliz por ter abandonado meu sonho, ou melhor, minha verdadeira missão? Desde criança, sempre sonhei em ser artista, quando estava no palco eu me sentia realizada, feliz! Mas como posso resgatar o tempo perdido? Se nem tenho coragem de procurar meu professor de dança e lhe agradecer, como vou ter coragem de realizar esse sonho?

– Como posso me conectar a essa força? De forma prática, como essa força me ajudaria a, por exemplo, ter coragem de procurar meu professor no teatro?

– Esvaziando-se, dando espaço para que ela atue. As pessoas estão cheias de preocupações, medo, desconfiança. Como dois corpos não ocupam o mesmo espaço ao mesmo tempo, Deus não consegue atuar, por mais que Ele queira.

– Você está me confundindo.

Está tudo muito confuso. Agora Oswaldo está me tratando como se eu fosse um copo de água: tenho de esvaziar. Não vou conseguir fazer isso.

– Você está confusa porque foi ensinada a acreditar apenas em sua mente, em seu conhecimento, em sua força, e a proposta aqui é totalmente outra: esvaziar a mente para deixar a ultra força agir.

— Como assim?

Gente, não consigo imaginar não ter preocupação.

— Naquela famosa passagem bíblica em que Davi vence o temido gigante Golias, podemos perceber a força de quem confia em Deus.

— Que passagem é essa?

Ih! Silêncio! Agora começou a aula de catecismo. Por outro lado, Oswaldo é tão bonzinho e hoje é o nosso último encontro. Acho que vou sentir falta dele.

— Davi, comparado a Golias, era baixinho, fraquinho e tinha tudo a perder. Todos apostavam que ele seria massacrado pelo temido gigante, assim como vários outros haviam sido. O que as pessoas não sabiam era que ele não estava indo lutar sozinho. Ele utilizou a ultra força e venceu. Assim como nessa história, na vida, às vezes, somos chamados a enfrentar situações em que temos certeza de que nossa força não garantirá a vitória. Mesmo assim, seguimos em frente, confiando na outra força que nos protege e orienta. Aprendemos que nem sempre Deus escolhe os mais capacitados, mas Ele sempre capacita os escolhidos.

Quantos Golias a gente tem de enfrentar na vida e de quantos a gente foge? A situação com meu professor é o Golias da minha vida. Qual é o Golias da sua? Qual é o gigante que você acha não ser capaz de enfrentar?

— É muito estranho, porque aprendi que dependia apenas do meu esforço e do meu conhecimento para que as coisas dessem certo. No entanto, agora você está me dizendo que tenho de largar tudo isso para que essa força atue?

– Na história de Davi, por exemplo, se ele se guiasse pela lógica e pelo conhecimento, jamais enfrentaria sozinho o gigante Golias. Então, ele precisou abandonar a lógica, esvaziar a mente e simplesmente se entregar. "É preciso força para ganhar uma guerra, mas é preciso coragem para se render." Davi foi corajoso, pois se rendeu ao poder de Deus.

Falando assim, parece fácil. Quero me ver cara a cara com meu professor de dança; ou você, com seu Golias. Quero ver se vamos conseguir fazer isso.

– Então, sempre que me intimidar diante de uma situação, devo permitir que uma força maior aja através de mim?

– Isso mesmo!

– E como faço para ela atuar?

– Peça, simplesmente peça. A ultra força nunca agirá se não for chamada. Ela é nobre, só entra se for convidada. Então, peça ajuda e renda-se, porque é isso que as pessoas precisam aprender: rendição.

– Minha tia Maria vive rezando e dizendo que confia em Deus. Ora na casa das vizinhas, sente-se a salvadora do bairro e, no entanto, tem problemas financeiros. Enquanto ela está orando, o marido a trai com outras mulheres. Aí eu me pergunto: será que confiar nessa ultra força vale a pena? É complicado acreditar nesse ensinamento em uma época em que se assistem a muitas guerras travadas "em nome de Deus". Ao mesmo tempo em que, para uns, Ele representa a paz, para outros, justifica as guerras.

– Parabéns! Você tem toda a razão.

Ai, ai, ai! Agora vou ser castigada de uma vez por todas, um raio poderá a qualquer momento cair em minha cabeça. Consegui convencer o Oswaldo a se tornar ateu de carteirinha.

– O problema de muitas pessoas é que elas só oram e se esquecem da oração.

– Como assim?

– Realmente, orar apenas não resolve muita coisa, é preciso orar e agir. É necessário que haja oração! Por isso, deixei esse ensinamento por último. De nada adianta você se render e pedir ajuda a essa ultra força se ficar julgando os outros e der atenção a sua Hiena Interior, não exaltar o belo e focar o que é negativo. Ser uma pessoa com o coração repleto de mágoa e ingratidão, em vez de plantar sementes de paz e felicidade, planta discórdia e conflitos.

Gente, ele não é tão louco assim. Pensando dessa forma, está explicado por que a tia Maria não desenvolveu a inteligência da felicidade. Ela fala muito mal das pessoas, julga a tudo e a todos e vive guardando mágoa no coração. Com toda essa mágoa e ingratidão, a felicidade não pode mesmo entrar. Nem Deus pode com tanto rancor! Ai, ai, ai, nossa sessão já está acabando, estou com medo de ir embora...

– E, então, Oswaldo? Acabaram os ensinamentos?

– Esses, sim. Agora é hora de ousar praticá-los todos os dias de sua vida. E lembre-se do que lhe disse em nossos primeiros encontros: não acredite em nada que lhe foi ensinado. Arrisque praticar e só acredite se realmente der resultado em sua vida, se você realmente se sentir feliz! Arrisque-se! Como disse Theodore Roosevelt, "é bem melhor arriscar coisas grandiosas, alcançar triunfo e glória, mesmo expondo-se à derrota, do que formar fila com pobres de espírito, que nem gozam muito e nem sofrem muito porque vivem nessa penumbra cinzenta que não conhece vitória nem derrota". Tchau, e construa sua boa sorte!

– Minha impressão é de que nunca vou conseguir ser plenamente feliz. Depois de todas essas semanas tentando praticar os ensinamentos, percebo que muitas coisas melhoraram; mas quando vou ser realmente feliz?

– Vou lhe contar uma historinha...

Lá vem ele com mais uma historinha oriental.

– É de algum mestre zen?

– Não, é de um garotinho que ganhou uma semente de bambu japonês. Ele foi orientado a regá-la e a cuidar dela com muito carinho, porque, assim, algum dia ela ficaria enorme. No primeiro ano, o garotinho fez tudo isso, e nada de ela crescer. No segundo ano, ele já estava desanimado. No terceiro, continuou regando a planta e cuidando dela apenas por hábito, porque não acreditava mais que ela crescesse. Até que, certa noite, quando estava dormindo, ele ouviu um barulho e, ao abrir a janela, viu que o bambu estava enorme. Espantado, ele pensou: *Nossa, como pôde crescer tanto tão de repente?* O que ele não sabia era que a raiz do bambu japonês fica quase cinco anos crescendo. Então, dia a dia, aos seus olhos e aos dos outros, pode parecer que você não está crescendo com esses ensinamentos. É porque você está desenvolvendo a raiz, a força. Quando menos perceber, estará na altura que imaginar. Que pessoa você considera feliz?

– Ontem eu abri o jornal e lá estava ela, linda e perfeita... Acho que as divas são pessoas felizes.

– Muitas dessas "divas", nós sabemos, tiveram vida trágica, morreram por causa de drogas. Sabe por quê? Elas cresceram para o alto, mas se esqueceram de crescer para baixo. São as pequenas atitudes que fazem diferença. Esses ensinamentos fazem a raiz crescer para baixo. Elevar-se para o alto é apenas consequência.

– Acabou? Não tem mais nada? Poxa, mas ainda não aconteceu metade do que quero na minha vida!

– Sou apenas um *personal* da felicidade, não posso garantir a sua felicidade porque ela será consequência de suas práticas diárias, da sua determinação, do seu cuidado. Como na história do bambu japonês, quando menos esperar, você vai ser igual a ele. Todos os seus sonhos vão crescer. E você tem meu telefone, pode me ligar sempre.

– Você realmente não vai me cobrar nada?

– Já ganhei o que queria. Você se lembra do ditado de que se colhe o que se planta? Se, de tudo o que falamos, consegui plantar uma sementinha de felicidade em você e sua inteligência da felicidade se desenvolver, é exatamente isso que vou colher. Até mais!

Deixo o Oswaldo sentindo um vazio muito grande. Com o tempo, aprendi a gostar dele, mas agora preciso seguir adiante.

Nas semanas que se seguiram ao meu último encontro com Oswaldo, procurei praticar os ensinamentos dia a dia. Às vezes, fracassava; outras, vencia. Depois de algum tempo, hoje crio coragem e vou ao teatro para procurar meu professor de dança. Mando entregar flores no camarim dele, com um cartão de agradecimento e, no final do espetáculo, fico à espera na saída. Acabo de avistá-lo.

– Professor! Professor! Fui eu quem lhe mandou as flores amarelas, mas o senhor não deve se lembrar de mim.

– É claro que lembro! Você era uma das minhas alunas mais criativas, eu me lembro de sua prova final do quinto ano como se fosse ontem. Você deve estar realizando uma carreira brilhante!

– Não, o senhor deve estar enganado. Eu me lembro de que, na época, disse que eu era uma negação para a dança e ainda me reprovou.

— Hahaha... Alunos do quinto ano! Sempre reprovo todos os alunos do quinto ano. Não avalio a sua técnica e nem a sua criatividade; simplesmente, todos são reprovados.

— O quê? Naquele ano, todos foram reprovados? Sempre me perguntei como o senhor pôde, em tão pouco tempo, avaliar minha coreografia. Como pôde fazer isso? Por causa de sua atitude, abandonei meu sonho de dançar e hoje poderia ser uma diva. Meu Deus, o senhor me reprovou sem tér me avaliado!

— Você sabe o que significa a palavra diva?

— É claro que sei. A diva é tudo o que eu sempre quis ser: uma mulher perfeita, famosa, rica, feliz...

— Minha querida; primeiro, eu gostaria de agradecer as flores que me mandou. Segundo, quero pedir para você se acalmar. Terceiro, quero dizer que sua definição está um pouco equivocada. Se você procurar no dicionário, verá que diva significa "natureza divina". Ser uma diva, para mim, é ter a coragem de conhecer e expressar a sua natureza divina, os talentos naturais, a verdade interior, coisa que, infelizmente, poucos fazem! E era exatamente isso que eu avaliava na prova final do quinto ano.

— Se o senhor não avaliava nem técnica e nem criatividade, o que avaliava?

— Uma das provas mais difíceis na vida de uma pessoa: eu avaliava se você era capaz de continuar acreditando em seus sonhos e exercitando sua natureza divina, mesmo recebendo um não!

Como isso pôde acontecer? Durante todos esses anos eu fiquei remoendo minha incompetência e agora descubro que ele me reprovaria de qualquer jeito. Ah, preciso dizer tudo que sinto.

– Por que o senhor fez isso? Deveria se arrepender, pois foi uma enorme maldade.

– No ano seguinte, ao dar aula para a turma do quinto ano e perceber que você não estava, tentei imaginar o que a teria feito desistir e fiquei triste. Pensava que o motivo não era a reprovação, pois achava que você não desistiria tão facilmente. Reprovei você, mas não pensava que também se reprovaria!

De repente, chegam várias pessoas querendo cumprimentá-lo e uma multidão de fotógrafos. Percebo que ele está preocupado, mas não pode me dar mais atenção. Pede desculpas por não poder falar mais e diz para procurá-lo na academia, pois ele continua a treinar seu elenco lá.

Como em um filme, repasso o tempo perdido enquanto vejo Simone receber flores no camarim. A dor vai tomando conta de mim, mas encontro forças e vou me afastando devagar, pensando no tempo perdido, em meus talentos, nas mágoas que guardei durante tantos anos. Hoje entendo a intenção do professor, que acho positiva. Eu havia falhado naquela prova da vida, mas é sempre tempo de recomeçar. Decido fazer alguma coisa para mudar minha vida, e vou começar agora.

Não posso mais aceitar uma vida assim. Não aguento mais me contentar com menos. Preciso ousar mais! Ousar admirar a pessoa que está em mim, e não somente a diva que enxergo fora. Ousar valorizar minhas opiniões, e não apenas as dos outros. Ousar acreditar mais no amor, e não só nas fantasias. Ousar aceitar a mim mesma, mesmo quando sou reprovada. Preciso me arriscar mais, mesmo correndo o risco de receber um não. Preciso expressar mais meus talentos, minha natureza divina, minha verdade! Minha diva!

UM NOVO DIA!

Não se ganha sem ousadia.
NAPOLEÃO BONAPARTE

Ao chegar em casa, procuro o figurino. Chorando, jogo aquela roupa fora e consigo fazer o último desapego de que precisava. No dia seguinte, compro uma nova roupa de dança. Volto ao trabalho mais animada com a aquisição e, ao entrar no escritório, olho ao redor e sorrio para todos: Warlen, Cátia, Cíntia... Ela me elogia, diz que estou mais bonita. Respondo que ela tem razão e agradeço o comentário. Ao me sentar à minha mesa, percebo que algo se transformou dentro de mim: não encaro mais meu trabalho da mesma forma que antes. É como se uma parte minha quisesse realizar um sonho. Lembro que tenho aula de dança à noite, e isso me anima um pouco.

Entro no metrô e quem encontro? Ele, o meu Apolo, lindo como sempre. Preciso dar um jeito de conhecer esse homem. E se ele achar que sou uma mulher fácil? Preciso mostrar que sou independente e feliz, todo homem gosta de mulher que se valoriza. Chega! Não aguento mais! Novamente estou procurando desculpas para fugir dos meus sonhos e desejos. E se ele não me der bola e me reprovar? Vou abandonar meus sonhos de encontrar um grande amor, assim como abandonei o meu sonho de ser artista? Não, de jeito nenhum. Se ele disser não, olho para o espelho e digo sim para mim. Preciso me arriscar mais, e o primeiro passo para despertar minha natureza divina, minha diva, é agora.

Vou cumprimentá-lo, vou, vou, vou. Cada passo que dou na direção dele é penoso, meus pés parecem querer ficar presos no chão, não tenho coragem de me aproximar. Então, me lembro do último ensinamento: preciso desenvolver a inteligência da felicidade e confiar na ultra força, que me protege e me guia. Vou, passo a passo, me aproximando dele e, quando acho que não tenho mais forças, me rendo e peço à ultra força: ajude-me, pois preciso vencer esse desafio! Aproximo-me dele lentamente, olho em seus olhos e, quase engasgando, digo:

– Oi!

Ele dá um belo sorriso e responde:

– Oi!

Daquele instante em diante, sei que minha vida nunca mais será a mesma, pois aquela atitude simboliza minha coragem de ousar, de ousar realizar meus verdadeiros sonhos, de ousar desenvolver a cada dia a inteligência da felicidade! Ousar não ser mais uma diva no divã, mas ser uma diva nos palcos da vida!

CINCO ANOS DEPOIS...

O RELÓGIO TOCA duas vezes. Pulo da cama. O café já está na mesa com um bilhete e um botão de rosa vermelho: "Eu te amo muito. Lilinho".

Ah, vocês não sabem! Lilinho é meu marido. Lembram-se do Apolo do metrô? Com o tempo de relacionamento, os apelidos vão se tornando mais íntimos. Começou com Apolo, passou a Apolinho e agora é Lilinho.

Pego o telefone e ligo para a Paty. Estamos caminhando juntas todas as manhãs. Sempre conversamos muito, vocês acreditam? Hoje somos muito amigas. Ando para relaxar, depois faço uma massagem e me preparo para a noite ir ao teatro com Lilinho.

Ao chegar, encontro Warlen na fila! Vocês não sabem, mas consegui materializar minha gratidão a ele, adivinhem com quê? Flores? De jeito nenhum, eu lhe dei um xampu para cabelos oleosos e hoje o cabelo dele é normal.

Cátia também está lá com seu novo namorado. Que legal, todos indo ao teatro. Cíntia, com seus amigos jornalistas, está pronta para fazer a cobertura do espetáculo. Entro no teatro e me dirijo ao... meu camarim! Um camarim branco repleto de flores. Batem à porta. É o Lilinho, que vem me dar um beijo. O diretor do espetáculo entra a seguir. É o meu antigo professor, que me abraça e me deseja boa sorte.

Canto, danço, represento... É um espetáculo maravilhoso, e eu me sinto plenamente feliz e realizada. Todas as pessoas mais importantes para mim estão lá, inclusive Oswaldo, que, na primeira fileira, me aplaude chorando. Talvez por saber que ele faz parte dessa vitória, pois me ajudou a não ser apenas uma diva no divã, mas a ser uma diva todos os dias da minha vida!

Enquanto recebo os aplausos, me emociono demais, não consigo conter as lágrimas ao lembrar que há cinco anos tudo isso parecia impossível para mim. Cinco anos atrás, eu não pensava em realizar esse sonho e hoje estou aqui, a atriz principal de um grande espetáculo! A apresentação termina e, enquanto a maquiadora tira minha maquiagem, ela começa a falar, admirada:

– Você é linda, perfeita! Uma verdadeira diva!

– Sabe, houve uma época em minha vida em que eu pensava isso das divas. Por trás de toda diva, porém, há uma mulher com seus medos, seus sonhos, suas loucuras.

– Imagine, vocês são perfeitas! Não consigo imaginar você com medo, ou enfrentando conflitos e coisas desse tipo que nós, reles mortais, temos de enfrentar todos os dias.

– Você está equivocada em sua definição de diva.

– Por que estaria errada?

Sinto algo em seu olhar e, sem relutar, pergunto:

– Quero que me diga com toda a sinceridade: você é feliz?

Ela abaixa a cabeça, conta um pouco de sua vida e responde que não, não é feliz. Sem pensar duas vezes, pego um cartão meu na bolsa e o entrego nas mãos dela. Ao ler "*personal* da felicidade", ela pergunta, surpresa:

– Nossa, o que é isso? Pensava que você fosse apenas artista. O que é *personal* da felicidade?

– Ligue para mim, me procure e você vai saber.

– Imagine se vou ter coragem de perturbar uma mulher tão ocupada como você! Com certeza, deve ter coisas mais importantes a fazer do que se preocupar com uma simples maquiadora como eu. conhecê-la, me procure.

— Aí é que você se engana. Esse é um trabalho muito especial e não há dinheiro que possa pagá-lo. Nem um milhão de aplausos me garante mais satisfação do que meu trabalho como *personal* da felicidade.

— Mas o que é isso?

— É uma longa história e, se você realmente quer conhecê-la, me procure.

É, amigo leitor, contando assim, parece que foi fácil, mas só a gente sabe de nossas dores e de nossos medos. O importante é perceber que, para desenvolver a inteligência da felicidade, é preciso ter coragem de ousar.

Ousar não julgar.

Ousar explorar, conhecer nossas emoções.

Ousar fazer o bem a alguém. Pelo menos uma vez por dia.

Ousar elogiar e receber elogios.

Ousar se desapegar daquilo que não faz sentido.

Ousar perdoar.

Ousar agradecer.

Ousar exaltar o belo.

Ousar realizar nossos verdadeiros sonhos!

Não vou negar que, muitas vezes, ousar é difícil, faz aflorar a insegurança, o medo do desconhecido, da crítica, do fracasso. Porém, quando sinto medo de ousar, sempre me lembro de uma frase do filósofo Kierkegaard: *"Ousar é perder o equilíbrio momentaneamente, não ousar é perder-se"*.

Agora, chega o momento de me despedir de você. Quero agradecer a companhia e lhe desejar uma vida muuuuuito desequilibrada!

Até mais!

AUTORA NO DIVÃ
um pouco da minha história...

ANTES que você embarque nesta aventura em que o encanto da ficção invade a realidade, quero deixar claro que a minha verdadeira inspiração para acrescentar essa parte prática no final do livro não foram os aprendizados e descobertas desses meus quase vinte anos como psicóloga, autora internacional e fundadora da *Women's Impact* (Mulheres de Impacto), uma fundação focada no "empoderamento" feminino nos Estados Unidos.

Apesar de esses títulos terem um ar "poderoso" para alguns, não foram eles os reais motivos que me levaram a escrever *Você no Divã*. O que me inspirou a convidá-la a ser terapeuta e escritora da própria vida não foram os meus títulos, mas as lições que aprendi com as alegrias e tristezas que senti nesses últimos anos.

Em 2000, quando escrevi o texto da comédia *Divas no Divã* (nossa, como o tempo passou! Por favor, não me pergunte quantos anos eu tenho, rs), antes mesmo que ele se tornasse livro em 2002, eu era uma psicóloga recém-formada e sonhadora, com apenas 23 anos de idade (ops, pode fazer as contas agora, rs).

A primeira temporada da peça começou sem perspectiva de continuidade, em um teatro no interior de São Paulo, Mogi das Cruzes, com o dinheiro que meu irmão me emprestou. Naquela época, meu único desejo era escrever um texto para que eu pudesse compartilhar com meus amigos e familiares os meus sonhos e frustrações. Jamais imaginei que essa comédia, criada em quatro madrugadas, se tornaria livro e um dos

DVDs de teatro mais vendidos no Brasil e distribuídos no meio acadêmico para os mais diferentes públicos.

Depois que escrevi *Divas no Divã*, há quase quinze anos, minha história de vida mudou muito. Em 2005, casei-me com um norte-americano, fui morar em uma das cidades mais frias do mundo: Fargo, Norte Dakota, com temperaturas que chegam a quarenta abaixo de zero. Não imaginava que, ao tomar essa decisão, eu deixaria a *Diva no Divã* e a vida colocaria *Eu no Divã!*

A partir dessa nova fase, aconteceram episódios que nunca imaginei. Aquela jovem psicóloga e sonhadora de 23 anos viu muitos de seus sonhos serem destruídos. Depois que me casei, o letreiro que se levantou, em vez de trazer a mensagem "e eles foram felizes para sempre", tinha escrito: "Meu Deus! O que fiz com a minha vida!?".

No processo de tentar me adaptar ao casamento, a um novo país, cultura e idioma, enfrentei depressão pós-parto, engordei trinta quilos, sofri muito com a perda do meu pai querido e, em meio a tudo isso, precisei começar a minha carreira praticamente do zero e encontrar caminhos para me reinventar.

Aquela mulher alegre que viajava, motivando plateias no Brasil inteiro, transformou-se em uma mulher depressiva, em uma esposa implicante e em uma mãe insegura, que precisava desesperadamente de motivação.

Nessa fase difícil da minha história de vida, que será descrita com maiores detalhes na parte *Você no Divã*, as mesmas palavras que escrevi na comédia *Divas no Divã* me motivaram nos momentos em que eu pensava em desistir, que são: "No fundo do poço não tem ralo, mas, sim, uma mola que nos impulsiona para cima".

Sempre que mentalizo essa frase, reconheço o poder que existe dentro de cada um de nós e nos impulsiona a transformar a nossa jornada. Sei que não estou sozinha, muitas mulheres sabem do que eu estou falando; existe um poder dentro de cada uma de nós. Um poder que nos "empodera"! "Empoderamento" ou *empowerment*, em inglês, significa "dar ou adquirir poder".

De acordo com minha experiência de trabalhar o "empoderamento" feminino com mulheres em vários países do mundo, acredito que essa expressão não seja sinônimo de adquirir um poder que esteja ao nosso redor, mas significa ter a coragem de expressar o poder que já existe dentro de nós.

Por isso, a cada semana que você aplicar uma das sete práticas para desenvolver a inteligência da felicidade, desejo imensamente que seja capaz de desfrutar cada vez mais desse poder que está em você. Espero que, a cada dia, você se sinta totalmente "empoderada"!

"Empoderada" para:

– Transformar as lágrimas em oportunidades para sorrir.

– Transformar as perdas em oportunidades de novas descobertas.

– Transformar os tombos em oportunidades para criar uma dança.

– Transformar os cacos de vidro em lindos mosaicos.

– Transformar a sua vida em uma história que mereça ser aplaudida!

Seja muito bem-vinda, minha amiga!

Com muito amor e poder,
Cris Linnares.
@crislinnares

PS: Vamos continuar em contato!

Para *download* gratuito do vídeo da comédia teatral *Divas no Divã*, acesse o site **www.crislinnares.com**

VOCÊ NO DIVÃ

DESCUBRA SETE PRÁTICAS SIMPLES E EFETIVAS PARA CRIAR FINAIS FELIZES EM SUA VIDA!

Bem-vinda, querida leitora!

A sessão especial desta edição de *Divas no Divã* onde você terá a oportunidade de aplicar, por meio de exercícios simples e efetivos, as sete práticas para desenvolver a Inteligência da felicidade, praticados pela nossa personagem.

Mas por que aumentar o seu nível de felicidade? E será mesmo que podemos, através de práticas, nos sentirmos mais felizes?

É muito importante que essas perguntas sejam respondidas, antes que você decida mergulhar de cabeça nessas próximas sete semanas.

Para responder essas duas questões, vou utilizar o estudo da professora de psicologia da Universidade da California, Sonja Lyubmirsky, autora do livro *The How of Happiness* (Como ser Feliz) que, baseada em pesquisas científicas, descobriu práticas simples para aumentar a felicidade em nosso dia-a-dia.

De acordo com sua pesquisa, assim como a nossa personagem de *Divas no Divã*, uma das razões pela qual as pessoas acreditam que felicidade é difícil de ser atingida é porque elas procuram a felicidade em lugares errados. Muitas acreditam que só quando tiverem MAIS: mais dinheiro, mais sucesso, mais elegância, mais amor, poderão se considerar felizes.

O problema em ter essa crença em relação à felicidade é que, de acordo com as últimas pesquisas científicas, essas coisas a MAIS que acreditamos que possam nos fazer mais felizes, afetam apenas 10% da nossa felicidade. É isso aí, minha amiga, as circunstâncias da sua vida, o seu peso, o quanto você tem no banco ou o seu sucesso, afetam apenas 10% sua felicidade. O que realmente pode aumentar a nossa felicidade não é o que acontece com a gente, mas como Lyubmirsky explica em seu livro, "Se uma pessoa que está se sentindo infeliz quiser começar vivenciar mais entusiasmo, contentamento, paz e alegria em sua vida, pode conseguir por meio da formação dos hábitos de uma pessoa feliz", e acrescenta: " ... a fonte da felicidade pode ser encontrada em como você decide se comportar, o que você pensa, e quais objetivos você decide alcançar todos os dias da sua vida. Não tem felicidade sem ação".

Nas próximas semanas, quero te convidar a desenvolver a se sentir mais feliz através das sete práticas que o Dr. Oswaldo, em *Divas no Divã* chama de "ciência da felicidade". Quando eu escrevi a parte fictícia desse livro, há quinze anos, não existia muita pesquisa disponível sobre a ciência da felicidade e, depois de ter acesso a muitas dessas pesquisas nesses últimos anos, consegui compreender ainda mais os motivos pelos quais muitos leitores se beneficiaram e transformaram suas vidas ao decidir aplicar as sete práticas para desenvolver a inteligência da felicidade vivenciada pela personagem.

Fico muito feliz em acrescentar a parte "Você no Divã" ao meu livro, pois acredito que esse será um recurso eficiente para que você também tenha essa mesma oportunidade de escrever "finais felizes" em sua vida!

Para as próximas semanas, sugiro que escolha focar uma ou duas partes da sua vida.

Qual área da sua vida você sente que está precisando reescrever a sua história para se sentir mais feliz?

Somente "Você" pode reescrever a sua história de vida, mais ninguém!

Várias pesquisas indicam que quando escutamos algo motivacional como uma palestra ou um livro, o nosso nível de serotonina – o neurotransmissor que eleva a nossa sensação de bem-estar – pode se elevar por no máximo 48 horas! Isso significa que nas próximas 1.133.839.404 horas da sua vida o responsável por você se sentir motivado e inspirado é você mesma, minha amiga!

Eu sempre me sinto inspirada com história de mulheres que foram capazes de revolucionar suas vidas. Há cinco anos, juntamente com meu marido, desenvolvi um projeto educacional nos Estados Unidos que foi concluído com a publicação do livro "Mulheres Belas". A missão desse projeto é expandir a definição da palavra "Beleza" para além do estereótipo de beleza externa que faz tantas mulheres prisioneiras de suas próprias expectativas e tiranias.

O trabalho se desenvolveu da seguinte forma: pedimos para as pessoas nomearem as Mulheres Belas de suas vidas, mas essa indicação deveria ser inspirada na definição de Belo de acordo com a concepção de Platão que é bem diferente do conceito que prevalece hoje na nossa sociedade. Para Platão, a beleza é algo que existe dentro de si, separada do mundo sensível que podemos ver, tocar e sentir.

Depois de recebermos várias indicações, eu e meu marido viajamos pelos Estados Unidos entrevistando "Mulheres que usaram a sua beleza interna para fazer o nosso mundo mais bonito." Foi um projeto maravilhoso que acabamos levando para escolas públicas e que transformou a minha vida.

Aprendi muito com a sabedoria e com a beleza espiritual dessas mulheres. Mulheres comuns criando histórias de vida extraordinárias. Mulheres como a Raquel, que nasceu com deficiência física e percorreu o mundo ajudando outras pessoas a lidarem com a sua deficiência. Raquel tem uma extrema dificuldade para andar e, quando perguntei o que a fazia acordar de manhã e continuar a sua missão, ela me respondeu "Eu tenho deficiência no meu corpo, mas não na minha mente! Na minha mente eu tenho a força de acreditar que eu posso conquistar tudo!"

Essa capacidade de se automotivar, presente em mulheres como Raquel, comprova que mesmo tendo várias coisas que estão dificultando e contrariando a conquista dos nossos ideais, temos o poder de escrever e reescrever a nossa história de vida para uma história que mereça ser aplaudida!

Muitas vezes, passamos por momentos difíceis e o simples fato de levantar da cama, com ou sem deficiência física, parece impossível. Lembro o dia em que eu mesma me obriguei a tomar uma "simples" decisão: continuar vivendo em um meio de decepção e tristeza ou reescrever a minha vida transformando-a em uma história que valha a pena ser aplaudida. Aplaudida, não pela plateia de um teatro lotado, como eu já estava acostumada, mas pelo verdadeiro Autor da minha história de vida.

Até hoje me lembro do dia que tomei a decisão de não mais terminar os meus dias com "finais infelizes". A partir de então, tive a humildade de tirar a Diva do Divã e colocar Eu no Divã...

Na vida temos momentos que precisamos parar, refletir, rever a nossa história e, principalmente, sermos sinceros com a gente mesmo. Caso não estejamos felizes ou satisfeitos, ter a atitude de arregaçar as mangas e começar a reescrever uma história que teremos orgulho.

Nessas próximas sete semanas convido "Você" para se posicionar plenamente "no Divã" e utilizar práticas simples e eficazes para aumentar sua felicidade e escrever finais felizes na sua vida!

Primeira Prática – Pensamentos no Divã

"Você não vai conseguir", "Ninguém vai gostar da sua ideia", "É melhor você desistir agora do que sofrer depois"...
Essas são algumas das vozes negativas que ouvi quando estava segurando, pela primeira vez em minha mão, o texto da comédia "Divas no Divã", concluído depois de quatro madrugadas escrevendo sem parar.

Aaron Beck, psiquiatra norte-americano considerado o pai da terapia cognitiva, chama essas "Hienas" de pensamentos automáticos negativos. E se não aprendermos a superar essas hienas, esses pensamentos negativos podem afetar a nossa saúde, felicidade e destino.

Em "Divas no Divã", o Dr. Oswaldo desafia a nossa personagem na primeira semana a observar as situações de sua vida e seus pensamentos, principalmente aquela voz negativa dentro de nós, a nossa Hiena Interior. Agora, nessa semana, eu quero desafiar você!

Quais são as vozes negativas que estão no seu pensamento atrapalhando a busca pelos seus sonhos, desencorajando a realização de uma vida mais feliz?

Como mencionei anteriormente, naquela época, eu era uma psicóloga recém-formada, sonhando em compartilhar as minhas frustrações e desejos através de uma comédia. Afinal, não tem nada melhor para melhorar a nossa autoestima do que encontrar em nossas lágrimas motivos para sorrir.

Assim que me formei na faculdade, tentei fazer o que me falaram que alguém na minha área poderia fazer, no meu caso, como psicóloga, trabalhar em empresas na área de RH, hospitais, escolas ou clínicas. Apesar desse leque "enorme" de opções, não conseguia me enquadrar em nenhuma categoria. Antes de entrar na faculdade, quando estava no colegial, fazia teatro profissional. Na época, eu era muito jovem e mesmo assim tive a oportunidade de trabalhar com grandes nomes do Teatro Brasileiro, como Rosi Campos e outros. Quando decidi me tornar psicóloga, abandonei totalmente o sonho de trabalhar com arte teatral e, por quase cinco anos, em um mundo que somos convidados todos os dias a nos conformar e nos adequar dentro de determinados padrões, não me sentia realizada. Ninguém me falou que eu não precisava seguir apenas as opções que o sistema me oferecia, mas eu poderia criar novos padrões e escolhas para a minha vida. Escrever o texto "Divas no Divã" foi o meu primeiro passo para abraçar as diferentes paixões adormecidas dentro de mim – a paixão pelo teatro, pela psicologia e pela literatura.

Eu particularmente não gosto de livros onde o autor dá a entender que tudo foi mais fácil na vida dele do que na minha. Portanto, por favor, não pense que foi fácil para mim ter coragem de assumir os meus verdadeiros sonhos e olhar nos olhos dos meus pais, que tanto dispenderam do seu trabalho e investiram para me dar a oportunidade de terminar meus estudos e dizer:

"Olha, mãe e pai, muito obrigada por tudo que vocês fizeram para eu me tornar uma psicóloga, mas eu acordei no meio da noite e escrevi uma peça de teatro que achei super divertida e, por isso, ao invés de ser psicóloga, vou ser comediante. Valeu!"

Foi difícil pra CARAMBA enfrentar o medo de assumir para os outros os meus verdadeiros sonhos! O fato de não conhecer ninguém no meio teatral, não ter dinheiro e não saber nem por onde começar era apavorante.

Por isso minha amiga leitora, se você esta se sentindo com medo de ir atrás dos seus sonhos e reescrever uma nova história de vida, você não esta sozinha! Muitas vezes não conseguimos eliminar totalmente essas "hienas", essas vozes negativas que nos fazem sentir medo, mas podemos sim, aprender a não deixar essas vozes falarem mais alto do que a voz dos nossos sonhos e roubarem o nosso destino!

Assim que escolher as áreas que irá focar nas próximas sete semanas, é importante que você:

1 – Separe um Diário de Diva, ou um espaço específico no seu celular, para escrever de maneira bem objetiva a história que você decidiu escrever ou reescrever na sua vida. Quando digo DECIDIR, é porque certamente não tem volta. É agora ou nunca, minha amiga! O que está decidido está decidido e pronto! Não tem volta!

2 – Nos próximos sete dias, escolha um momento do dia para ler em voz alta a história de vida que você decidiu escrever para você.

3 – Durante o dia se coloque como "Observador de si mesmo" e observe o que as suas Hienas interiores – vozes negativas – podem falar em relação a sua decisão e escreva no seu diário esses pensamentos.

Essa primeira semana é muito importante para você tomar consciência dos pensamentos e crenças que tem impedido você de escrever uma história de vida que valha a pena ser aplaudida.

Estarei torcendo pela sua maior felicidade amiga!

Até a próxima semana!

Segunda Prática: Emoções no Divã

Na primeira semana você escolheu uma área da sua vida para reescrever e se colocou como observador de si mesmo. Espero que você tenha adquirido uma maior consciência dos seus pensamentos, especialmente aqueles negativos que tentam roubar o seu destino – as Hienas!

O intuito dessa primeira semana é você, além de observar esses pensamentos, por meio dessa percepção concluir que você não é os seus pensamentos! Você é muito mais do que você que pensa!

É importante ter autoridade sobre os nossos pensamentos porque eles são os desencadeadores das nossas emoções. De acordo com o psiquiatra e autor Brasileiro Augusto Cury em seu livro *12 semanas Para Mudar Uma Vida*, "As emoções surgem das cadeias de pensamentos... toda vez que você tem um sentimento, produziu, antes, um pensamento, ainda que não tenha percebido."

Para a terapia cognitiva, a depressão é um transtorno do pensamento e não da emoção, porque quem define nossas emoções são nossos pensamentos.

Se neste momento você está se sentindo feliz, triste ou ansiosa, pergunte a você mesma:

– Que pensamentos estão desencadeando essa emoção?

É muito importante ter consciência e autoridade sobre os nossos pensamentos, pois são eles que desencadeiam nossas emoções, e estas, influenciam nossas atitudes, e nossas atitudes, influenciam nosso destino!

Quando apresentei pela primeira vez o texto de "Divas no Divã" para um teatro, de uma forma muito "carinhosa" a diretora me falou: "Li o seu texto e não sei se você sabe, mas o nível das peças que trazemos para o nosso teatro é muito elevado. Quem sabe um outro teatro poderá abrir as portas para você!"

Quando ouvi essas palavras senti uma faca entrando no meu peito e as minhas "Hienas", vozes negativas, começaram a falar ainda mais alto: "Não falei para você não perder tempo com isso. Desista! Faça outra coisa, você não é boa o suficiente. Quem você pensa que é?" Esses pensamentos começaram a desencadear emoções negativas que diminuíram a minha autoestima, confiança, e quase roubaram de mim o meu direito de lutar pelos meus sonhos e destino.

Naquele momento tive que tomar uma decisão que foi determinante para definir o curso do meu destino – ouvir as vozes negativas das minhas hienas que me desencorajavam, ou falar mais alto que elas, declarando poder e autoridade sobre a minha vida!

De repente, hoje é o seu dia minha amiga leitora de declarar poder e autoridade sobre a sua vida! Eu sei que fazer essa decisão não é fácil, mas mais difícil, é você abandonar os seus verdadeiros sonhos e deixar seus pensamentos negativos roubarem a sua felicidade e destino.

Ao sair daquele teatro me sentindo muito rejeitada, comecei a chorar. Hoje, quando olho para trás, sei que o que estava me fazendo sentir arrasada não eram as palavras da diretora e sim os pensamentos negativos desencadeados pelas palavras duras que ouvi das minhas próprias hienas interiores. Saibam que o mundo pode nos rejeitar, mas o problema começa quando essa mesma rejeição parte de nós:

"Você é uma fracassada Cris! Ela esta certa, o seu texto não tem nível para esse ou para nenhum teatro. É melhor você desistir desse sonho".

Nessa hora, foi extremamente significativa a interferência do meu amigo Mauro, o primeiro diretor de "Divas no Divã".

Ele, ao perceber minha decepção, se aproximou e falou: "Cris, Agora é a hora da decisão! Ou você desiste do seu sonho ou você abraça essa rejeição como uma grande oportunidade de viver o seu momento DIVA! Não tem coisa melhor na história de uma diva do que os momentos que ela renasce das cinzas. Um dia você vai contar essa rejeição como um capítulo da sua vitoriosa história de vida. Sacode a purpurina e não desista minha amiga!".

Até hoje sou imensamente grata pelas palavras sabias desse meu amigo. Eu não sei o que você já passou ou está passando na sua vida, quantas vezes já foi rejeitada. De repente, alguém machucou o seu coração e você nem consegue se imaginar escrevendo uma história de amor novamente. Ou você tentou realizar sonhos que foram rejeitados. Eu quero nesse momento oferecer a você, a mesma força que meu amigo me transmitiu naquele momento.

Eu não vou perder tempo tentando amenizar a sua dor, ou passar frases positivas para você repetir e fingir que está tudo bem. Eu sei que dói! E dói muito se sentir rejeitada! E o meu conselho é você deixar doer minha amiga! Nós estamos numa era onde muitas pessoas e profissionais da saúde, incluindo psicólogos, estão nos fazendo acreditar que tristeza é doença. A cada dia que passa mais pessoas estão dependentes de antidepressivos.

No Brasil, nos últimos cinco anos, a venda de antidepressivos subiu 48%, e muitos desses usuários apenas estão passando por um momento difícil, um momento triste e não são depressivos. Chorar, sentir dor, tristeza não é doença. Encare tudo isso como uma oportunidade! Oportunidade de mergulhar fundo em nossa alma e acessar uma força interior que muitas vezes não sabíamos que habitava em nós.

Quando meu querido pai e melhor amigo faleceu, eu entrei num luto muito profundo. Eu chorei por semanas. Nessa época, estava morando nos Estados Unidos e já havia perdido as contas de quantos terapeutas e amigos estavam me aconselhando a usar uma pílula para abafar, para fugir dessa dor. Eu me lembro de que um dia, cansada de ouvir a minha terapeuta me sugerir antidepressivo eu levantei do divã e falei – "Você está querendo me dizer que o fato de eu estar triste e chorando porque o meu pai morreu significa que eu estou doente? Desculpe, mas doente é você de tentar roubar de mim o meu direito de sentir!" Não deixe ninguém tirar de você o seu direito de sentir! Na vida, muitas vezes temos que ter coragem de abraçar nosso medo, nossas tristezas, nossas dores.

Esses momentos difíceis que passamos podem sempre se transformar em um bom motivo para desistir ou um excelente motivo para sacudirmos a purpurina e continuarmos escrevendo uma história de perseverança, uma história de vitória... uma história de diva!

Sonhar todo mundo sonha, agora decidir lutar pelos nossos sonhos não é para qualquer um. É importante frisar o quanto é importante abraçar o nosso sonho e não permitir que ninguém nos tire o direito de lutar por eles. Ninguém, incluindo nós mesmos! Eu não sei se os seus sonhos serão realizados, pois não vou agir como aqueles palestrantes motivacionais que criam essa ilusão! Há quase quinze anos, quando as minhas "Hienas" gritavam dentro da minha alma para desistir de "Divas no Divã", não sabia se o meu sonho iria se realizar, ou não. Mas, tomei a decisão de continuar acreditando nos meus sonhos, mesmo não tendo a certeza de que eles poderiam se realizar. Neste momento da sua vida, pelo menos para as próximas sete semanas, mesmo sem a garantia do resultado, se permita sonhar e viver todas as dificuldades e superações que são parte desta conquista. Chega de se enganar, chega de esconder quem você é e quem você nasceu para ser! Chega de ouvir essas "Hienas" que tentam roubar o seu destino e a sua felicidade!

Não tenha vergonha de voltar e resgatar seus sonhos perdidos. Não importa quantos NÃOS você recebeu. Meu maior desejo para você nas próximas semanas é que você desenvolva um grande SIM dentro de você! Diga SIM! Sim para os seus sonhos e sim para os seus tombos! Se cair, sacode a purpurina e dê a volta por cima!

Nas próximas sete semanas aceite o desafio de continuar escrevendo uma história que valha a pena ser aplaudida. Nessa semana, mergulhe dentro das suas emoções sem medo de sentir!

1 – Feche os olhos e use o tempo necessário para imaginar você vivendo a história que deseja escrever. Coloque uma música, ou se preferir, abrace o silêncio ao seu redor.

2 – Que você sente? Quais as emoções que emergem? Alegria? Esperança? Tristeza?

3 – Coloque no Divã a emoção que vier mais à tona e faça perguntas como se você fosse o seu próprio terapeuta.

Exemplo: – Se você se imagina casando com o seu grande amor ou realizando aquele sonho antigo que você tem guardado em seu coração, e começa a ter uma avalanche de dúvidas e ficar triste, converse com esse sentimento. Coloque a tristeza ou a dúvida no Divã e faça perguntas como:

– Qual a sua intenção? Você está querendo me proteger de quê? A partir de quando essa dúvida começou a surgir?

Essa prática simples se torna uma arma poderosa contra os pensamentos negativos que nos impedem de escrever finais felizes em nossa vida. Espero que nessa semana você perceba que não precisamos brigar ou lutar contra nossos pensamentos e sentimentos, pois, na maioria das

vezes, precisamos dar voz para eles expressarem suas verdadeiras intenções e necessidades.

Terceira Prática – Ação no Divã

Espero que nestas duas últimas semanas você tenha se conectado ainda mais com os seus sonhos, pensamentos e emoções!

Agora, nessa semana é hora de partir para ação!

No caso da personagem do "Divas no Divã", a 3ª prática dela deveria ser fazer o outro feliz e ouvir no mínimo três "Muito Obrigada" por dia para começar a ter mais atitude que a aproximasse de seu sonho de encontrar seu grande amor.

Nessa semana chegou a hora de você escolher de uma a três ações para se aproximar da história de vida que decidiu escrever.

No meu caso, quando eu recebi um grande NÃO daquele teatro, depois de resolver falar bem alto para mim SIM!, fui capaz de sacudir a minha purpurina e continuar escrevendo o próximo capítulo da minha história de vida, a história da diva que renasceu das cinzas, como mencionou o meu amigo Mauro, kkkk...

E você, leitora, que área de sua vida dará um grande SIM independente dos Nãos que já recebeu? Que atitudes pode tomar para provar que o "SIM" está prevalecendo nas suas escolhas?

Naquela época, decidi ter todas as semanas ao menos uma atitude que me aproximasse mais do meu sonho. Tal atitude, necessariamente não precisaria ser algo grandioso. Em uma das semanas, por exemplo, decidi compartilhar o meu sonho com pelo menos uma pessoa. Era uma forma de começar a tirar aos poucos os meus sonhos da gaveta, assumir quem eu era e quem eu nasci para ser.

Uma dessas pessoas tinha acabado de conhecer: Marilei Schiavi, grande jornalista que atualmente trabalha na TV Bandeirantes. Naquela época, ela trabalhava numa rádio pequena no interior de São Paulo e fazia freelance como editora de livros. Ela entrou na minha vida indicada por um amigo e foi contratada para editar o meu primeiro livro S.E.R. – Sinta, Explore e Realize sua potencialidade, lançado pela Editora Madras. Um livro que arrasou na lista dos mais vendidos entre minha família e amigos! Rs...

É importante que você saiba que o sonho de ser escritora começou a ser construído quando eu tinha uns 8 anos. Na época, fazia livros pequeninos e presenteava minhas amigas. Depois de bater na porta de várias editoras e receber vários NÃOS, e finalmente uma editora abrir as portas para mim, foi muito frustrante ver que depois de tanto trabalho, as vendas do meu primeiro livro foi um fiasco! Com esse resultado, acabei carregando dentro de mim aquela decepção em meu coração, e este foi um dos motivos que, quando aquela diretora de teatro se recusou a aceitar o texto de "Divas no Divã", todos aqueles sentimentos de frustração e decepção voltaram à tona e ainda mais forte, dando mais poder para que as minhas "Hienas" interiores despertassem em mim sentimentos de tristeza e desencorajamento.

Quando conheci Marilei no processo da edição desse meu primeiro livro, lembro que fiquei impressionada com sua inteligência e honestidade. Marilei é aquele tipo de mulher que não tem travas na língua, fala o que pensa e não faz tipo para agradar ninguém. Mesmo decidindo continuar a escrever a minha história e a encontrar caminhos para compartilhar a mensagem de *Divas no Divã* para o mundo, ainda estava me sentindo muito insegura e cheia de dúvidas, em relação ao texto que tinha escrito, foi então que pensei em mostrá-lo para uma pessoa que seria totalmente honesta comigo, e nesse sentido, não tinha melhor pessoa na minha vida do que essa jornalista sincera chamada Marilei Schiavi!

Depois que enviei o texto, nos encontramos para conversar. Meu coração estava batendo forte, com medo de receber a verdadeira opinião dela. E nos primeiros minutos de conversa com aquele jeito único, verdadeiro e até mesmo engraçado, ela falou: "Bicho, o que você quer fazer com esse texto?" "Eu só quero encontrar um teatro que nos aceite para eu compartilhar essa mensagem, nem que seja por um final de semana", respondi. Foi então que ela respondeu: "Eu vou te ajudar!"

"Eu- vou-te-a-ju-dar"... Essas palavras foram as únicas palavras que Marilei falou a respeito do texto. Ela não falou palavras como – Maravilhoso! Espetacular! Nunca li nada igual! Mas se você a conhecesse saberia que por trás daquela simples frase: "Eu vou te ajudar", estava uma mulher inteligente, forte que não perde tempo da vida dela com coisas sem importância. E com essas quatro palavrinhas mágicas começou uma história de sucesso que completa quinze anos! Marilei me ajudou a produzir por muitos anos o espetáculo "Divas no Divã" que encantou e ainda encanta plateias no Brasil inteiro!

Como já comentei, naquela época, o meu único desejo era encontrar um teatro pequeno para compartilhar aquele "texto louco" que escrevi para meus amigos e familiares. Se você me falasse que depois de quinze anos a peça ainda estaria em cartaz pelo Brasil e que a peça iria se tornar em livro e um dos DVDs de teatro mais vendidos no Brasil, eu mesma não iria acreditar! Agradeço a Deus por todos os frutos que colhi com esse texto. E, quando eu coloco Deus na história, é porque tenho certeza de que "Só por Deus!", como diria minha querida Marilei, o "Divas no Divã" se tornou uma história com final feliz.

A peça foi lançada com dinheiro emprestando do meu irmão e sem nenhuma prospecção de continuar mais do que dois finais de semanas, no teatro Vasques, no interior de São Paulo, em Mogi das Cruzes. Esse foi o primeiro teatro que Marilei Schiavi convenceu abrir as portas para dar início a nossa história. Eu me lembro de que antes de entrar em cena, fiquei tão nervosa " E se ninguém gostar?", " E se ninguém rir das minhas piadas?"," Quem disse que isso é uma comédia?". A adrenalina foi tanta que 5 minutos antes de entrar em cena tive dor de barriga!

Diante da lembrança de todo o sucesso que aconteceu depois desse primeiro final de semana, me sinto muito grata, não só pelo sucesso de público, mas o maior sucesso que ganhei foi ser presenteada em minha vida com pessoas como Marilei, que me ajudaram a acreditar mais em mim.

Hoje Marilei, casada e mãe de duas filhas lindas, continua sendo uma das minhas melhores amigas e uma das pessoas que poderá contar com a minha eterna gratidão. Gratidão por ter acreditado em mim numa época em que eu estava com dificuldade de acreditar em mim mesma.

Caso, nessa semana, você esteja com dúvidas, não acreditando em você, nos seus sonhos ou na sua felicidade, eu vou apenas falar quatro simples palavras:

– Eu-vou-te-ajudar...

Essa semana eu quero te ajudar lançando um novo desafio para você aplicar a terceira prática para criar finais felizes em sua vida.

Uma prática simples e muito poderosa no caminho para você realizar seus sonhos e verdadeira felicidade:

Compartilhe com pelo menos duas pessoas o seu sonho e a sua decisão de escrever uma nova história em uma determinada área da sua vida.

Escolha uma única ou mais ações, essa semana, que aproxime você do seu sonho e da história que decidiu criar na sua vida!

QUARTA PRÁTICA – DESAPEGO NO DIVÃ

Espero que nestas últimas três semanas você esteja se sentindo mais feliz e mais próxima dos seus verdadeiros sonhos. Eu aconselho para as próximas 4 semanas, continuar aplicando a terceira prática e tomar pelo menos uma atitude para você se aproximar mais da sua sonhada história de vida, nem se for apenas a de compartilhar com um amigo.

Essa semana a prática pode parecer simples, mas na verdade é uma decisão nada fácil. Deixar o velho ir para o novo entrar. Desapegar de tudo e de todos que não fazem parte da história que você quer escrever. Eu, particularmente, tive muitas dificuldades em aplicar essa prática em minha vida, o que resultou em perder muito tempo em relacionamentos fracassados.

Quando escrevi a peça "Divas no Divã", o texto que originou a primeira parte deste livro, eu era uma sonhadora, em busca de encontrar o meu príncipe encantado. E depois de atrair vários sapos, finalmente o encontrei. Lembro-me como se fosse hoje o dia em que decidi que estava mais do que na hora de encontrar o amor da minha vida e construir minha própria família...

Estava na saída do Teatro Ruth Scobar em São Paulo, onde a peça "Divas no Divã" estava em cartaz. No final de uma das nossas apresentações, um casal que veio da Bahia para São Paulo, percorrendo uma longa distância exclusivamente para assistir à peça, pediu para eu autografar o livro e tirar foto com eles. "Minhas filhas adoram você! Como você é abençoada,

Diva!". Eu me lembro de que eles foram tão carinhosos um com o outro e pareciam tão felizes que, ao invés de me sentir a diva abençoada, e me senti a diva invejosa!:

"Ó meu Deus, por que não tenho ninguém especial para compartilhar os meus sucessos, as minhas decepções e as minhas alegrias? Estou cansada de relações fracassadas e decepções amorosas. Eu quero uma "van" bem cafona com direito a marido, filhos, cachorro e pedaços de batatinhas fritas no chão do carro!"

Foi então que comecei a minha jornada para encontrar o grande amor da minha vida. Na procura da minha alma gêmea, percebi que a vida me oferecia vários caminhos para ser bem sucedida em minha carreira profissional, mas ninguém era capaz de me orientar como poderia ser bem sucedida em minha vida pessoal.

Se você quer ser psicóloga, pode procurar uma faculdade de psicologia, se desejar ser atriz tem a opção de frequentar uma escola de teatro. E quem quer ser esposa? Procura o que e onde? Foi então que, no silêncio do meu quarto, decidi fazer algo que não fazia há tempo, orei... orei para Deus me ajudar a encontrar o meu grande amor. E foi uma oração espontânea, honesta, informal:

"Deus, como você está? Desculpa eu ter estado tão ocupada com a minha *imaturidade* em querer ser a única autora de minha história de vida e ter deixado de ir ao seu encontro mesmo sabendo que você estava sempre ao meu lado. Eu quero dizer que nesse momento estou me demitindo do trabalho de tentar encontrar o homem da minha vida! Eu sou péssima nesse departamento. Eu atraio sapos, ao invés de príncipes, e me doou muito mais do que recebo! Por favor, onde eu posso encontrar o grande amor que você escolheu para mim?" Por favor, me ajude!

De repente, você também está encontrando dificuldades em atingir o que deseja em determinada área da sua vida. Neste caso, experimente parar de tentar resolver tudo sozinha e não tenha vergonha de pedir ajuda. Quem poderia estar te ajudando a criar a sua sonhada história de vida? Lembre-se que só os verdadeiramente fortes são humildes para assumir suas fragilidades.

No meu caso, eu senti no meu coração, um desejo imenso em pedir ajuda para Deus, que naquela época, parecia bem distante de mim. Na mesma noite que fiz minha oração, sonhei que estava caminhando na praia e um homem que caminhava ao meu lado, sem que eu pudesse ver o seu rosto, me falou: "Eu sou o seu grande amor da sua vida, mas para você me encontrar tem que viajar para Los Angeles". Ao acordar, eu pensei "O quê? Los Angeles?" Poderia ser um lugar mais perto, Senhor? Senti em meu coração algo muito especial, uma sensação muito diferente. Eu sabia que se eu contasse para as pessoas que queria viajar para Los Angeles, por causa de um sonho, seria taxada de louca. No mesmo momento tomei uma decisão: "Deixem me chamar de louca!"

Naquela época, podia viajar, pois estava no final de uma das temporadas de "Divas no Divã" e às vésperas de tirar alguns meses de férias, antes de voltarmos em cartaz novamente. A primeira pessoa que liguei para contar o sonho foi para uma amiga de infância, que mora em Los Angeles há 10 anos. Como eu já imaginava, ela foi logo dizendo: " Você é louca!? Estou solteira em Los Angeles há anos e posso dizer que você não teve um sonho revelador, você teve um pesadelo! Aqui, não é lugar para encontrar marido! "Apesar do conselho dessa amiga tão querida, em três semanas estava embarcando para Los Angeles... Assim que cheguei, me matriculei num curso sobre Estudo da Mulher, na Universidade da Califórnia. Para ser sincera, o curso era apenas um álibi, caso alguém me acusasse de "Encalhada Desesperada!"

Depois de três meses atraindo "sapos" americanos e alguns "sapinhos" europeus, cansei! Foi quando eu me lembrei de que eu mesma já tinha me despedido deste departamento. Então, ao invés de me preocupar, passei a confiar! Deus está no comando! Foi então que, em uma festa, uma mulher com uma expressão bonita, aparentando um pouco mais de 50 anos, veio falar comigo e no decorrer da conversa fez as perguntas de sempre: "De onde você é?", "O que esta fazendo aqui?"... Todas às vezes que me faziam essa pergunta, colocava a "máscara da mulher poderosa" e dizia: "Eu estou aqui, aprofundando meus estudos do universo feminino". Naquele momento, em vez de me mostrar toda poderosa, decidi ser verdadeira, e aprendi que a vida honra a verdade acima do poder. Quando eu contei a minha história e o motivo que me trouxe para os Estados Unidos em vez de ouvir "Você é louca" ou melhor "Are you crazy?!", eu ouvi:

"Meu Deus! Eu conheço o amor da sua vida! Ele é meu melhor amigo e está vindo para LA em duas semanas!"

Para explicar os detalhes dessa história seria necessário escrever outro livro, mas para resumir, a primeira coisa que pensei quando conheci o meu marido num restaurante em Beverly Hills foi: "Nossa que cara legal, pena que não é o meu tipo!" A partir de então, nos tornamos imediatamente melhores amigos. Depois de dois meses de amizade, quando faltava uma semana para eu retornar ao Brasil, minha irmã me ligou e perguntou:

"E ai Cris, você está em Los Angeles há 5 meses e o "Grande amor da sua vida?." Vai voltar para o Brasil e todo mundo irá rir de você e do seu sonho louco. O que você vai dizer? Que o seu Deus errou? Também vai despedir Deus do trabalho de encontrar o amor da sua vida?"

Ao ouvir todo esse questionamento, não vou negar que me senti triste e com medo de que ela estivesse certa. Mas, na vida temos que fazer escolhas e eu tinha que optar em seguir o medo ou a fé. E fé por definição é acreditar naquilo que não conseguimos ver. Eu sou uma psicóloga que acredito fortemente que a fé em Deus seja um dos melhores antidepressivos disponíveis no mercado. Naquele momento, em vez de acreditar nas palavras da minha irmã, escolhi acreditar nas palavras do meu Deus que criou o mundo em menos de uma semana e descansou no último dia. Sete dias para eu encontrar o meu "Grande Amor", para Deus seria como colocar um pequeno tijolinho na grande obra da minha vida!

Às vésperas de voltar para o Brasil ainda me questionava: O que será que está no caminho que me leva ao encontro do meu grande amor? Confesso que senti um dos maiores medos que uma mulher pode sentir, o medo da solidão. Muitas vezes, esse medo nos obriga a fazer coisas e conviver com pessoas que até podem preencher o nosso tempo, mas não o nosso coração.

Certamente, essa foi a minha realidade por muito tempo. Percebi que, mesmo tendo criado finais felizes na minha vida profissional, não conseguia o mesmo resultado em minha vida pessoal. E, a partir dessa certeza, comecei a orar novamente, uma oração bem espontânea, vinda da alma, falei:

"Deus, não brinca comigo não! Falei para todo mundo que você me revelou que eu iria encontrar o grande amor da minha vida em Los Angeles e falta apenas uma semana para eu ir embora e só encontrei decepções! Eu estou com medo! Medo de decepcionar as pessoas, medo de ficar sozinha, medo de não ser feliz no amor..."

Enquanto eu confessava os meus medos para Deus, esse verso da Bíblia emergiu do meu coração: "No amor não existe medo, ao contrário, o amor perfeito expulsa o medo" (João 4:18). Então, a partir dessa inspiração, consegui entender que o grande amor que Deus me revelou naquele sonho foi o amor perfeito, o amor divino, o amor Dele e não um amor que eu iria encontrar em um homem, mas dentro de mim mesma!

Sentindo, pela primeira vez, esse amor incondicional, incomparável e irresistível de Deus, percebi que o que me impedia de encontrar o homem da minha vida era que eu estava precisando urgentemente de uma "Plástica Emocional"! Em vez de botox para levantar minha expressão facial, eu precisava aprender a levantar meu valor próprio. Em vez de eliminar celulite, eu precisava eliminar autocrítica negativa. Em vez de colocar silicone, eu precisava aprender a preencher o vazio que eu sentia no meu peito, com o amor de Deus.

E nesse encontro com o meu "Grande amor", me senti inspirada a me desapegar daquela Cristiane do passado que tinha medo da solidão, que perdia tempo com pessoas e coisas que não me faziam verdadeiramente felizes.

Eu decidi fazer naquela semana o que eu chamo de "Faxina Feminina"! Abri a porta do meu coração e decidi fazer uma limpeza geral! Todos os personagens que faziam parte daquela história amorosa de vida mal sucedida foram deletados... literalmente!

Para conseguir atingir esse meu objetivo, enviei e-mail me desligando daquele "gato" que só miava mas não saia da moita, deletei mensagens de textos antigas que levantavam a minha autoestima mas não influenciavam a minha vida de maneira positiva. Decidi varrer naquele dia tudo e todos que não faziam mais parte da história que eu queria escrever para a minha vida. Não foi fácil jogar no lixo as minhas ilusões, meus apegos e os meus medos. Mas eu sabia que seria mais difícil continuar vivendo uma história de relacionamentos fracassados.

Em meio a tudo isso, faltando dois dias para eu retornar para o Brasil, o telefone tocou e o meu "amigo" me convidou para um jantar de despedida. E aquele simples jantar, que começou como um bate papo de amigos, acabou se tornando o início de uma história de um casamento que está completando 10 anos, três filhas, um cachorro e com direito a minha tão sonhada Van com pedacinhos de "potato chips" (batata fritas) no chão e tudo.

Assim como todo relacionamento da vida real, posso garantir que a nossa vida não é e nunca será como um conto de fadas, mas com certeza, eu não escolheria outra pessoa para estar ao meu lado escrevendo junto comigo "finais felizes"!

Agora é a sua vez de começar a sua FAXINA FEMININA!

Desapegue de tudo e de todos que não fazem parte da história de vida que você decidiu escrever.

Essa semana se pergunte: A sua bolsa representa a pessoa que você decidiu se tornar? O seu armário está organizado e tem roupas que representam essa nova história da sua vida? A sua lista de contatos está repleta de pessoas que a incentivam e a ajudam a criar finais felizes em sua vida?

Arregace as mangas, minha Amiga, e não perca mais tempo. Não deixe o passado atrapalhar o futuro maravilhoso que você está reescrevendo!

Até a próxima semana!

Quinta Prática – Mágoas no Divã

Depois que você fez uma faxina geral semana passada, muitas vezes, nesse processo, pode encontrar mágoas que ainda guarda em seu coração.

Quando a gente fala em "escrever finais felizes", a felicidade não consegue habitar num coração cheio de mágoas.

Na "Faxina Feminina", você foi desafiada a limpar coisas e pessoas que não fazem mais parte da história que você decidiu criar. Mas, para garantir que essa última prática não irá colocar você numa posição de julgamento e atrair mágoa em seu coração pelas coisas e pessoas que você decidiu deixar ir, é muito importante que você complete esta Quinta Prática.

Além de tomarmos consciência se temos ou não mágoas em nosso coração, esse exercício irá contribuir para que você expresse a gratidão: uma das maiores forças que impulsiona você em busca da felicidade. É impossível ser feliz sem conseguir desenvolver o sentimento de Gratidão. Atualmente, várias pesquisas no mundo inteiro estão provando os benefícios da gratidão na sua saúde e qualidade de vida.

O autor Dr. Robert A., um dos maiores líderes no mundo em pesquisa sobre a gratidão, em seu livro "Obrigada! Como praticar gratidão pode fazer você feliz" ("Thanks! How practicing Gratitude can make you Happier"), descobriu em suas pesquisas que as pessoas que mantém um diário de gratidão toda a semana para se reportar, desenvolvem menos doenças físicas, um aumento de 25% em sua felicidade e se tornaram mais otimistas em relação ao seu futuro. (Emmons & McCullough, 2003).

Na luz dessas pesquisas, assim como a nossa personagem de "Divas no Divã", aceite o desafio de pelo menos uma vez por semana escrever no seu "Diário de Diva" momentos, situações e pessoas que se sente grata, incluindo aquelas que você deixou no capítulo passado da sua vida.

1 – Escolha uma vez por semana ou por dia para relembrar e reviver momentos e pessoas que te fizeram feliz no seu passado. Coloque uma música se você preferir.

2 – Registre a sua gratidão no seu diário de Diva.

Sexta Prática – Gratidão no Divã

Espero que semana passada você tenha se sentido mais feliz ao expressar sua gratidão em seu Diário de Diva.

Essa semana você vai praticar colocar a sua gratidão em ação!

Mesmo sendo uma prática simples, para muitos ela se torna difícil, pois apesar de ser mais fácil você expressar a sua gratidão para você mesma, em seu Diário, é importante que você use nessa semana o que chamo de "prática avançada" e isso significa reescrever a sua história com uma pessoa que a tenha magoado.

Recorde dos momentos bons que teve com essa pessoa, antes de você se sentir magoado, e decida expressar para essa pessoa a sua gratidão e o seu desejo de reescrever uma nova história!

Eu sei que só de imaginar você ligando para essa pessoa parece uma tarefa impossível, mas sugiro que você releia essa prática no livro *Divas no Divã* para se inspirar a começar um novo capítulo da sua vida, onde como personagem principal, você tem o coração livre de mágoas e aberto para receber todo amor que merece. Como comentei na prática passada, a felicidade não habita dentro de um coração cheio de mágoas e ser capaz de transformar essa mágoa em gratidão é um passo essencial para criar "finais felizes" em sua vida.

Tenho a certeza de que não estaria comemorando 10 anos de casada, se não tivesse aplicado essa prática em minha vida. Ao longo desses anos, em várias situações me senti tão magoada que reconheço que se não tivesse me apropriado efetivamente das últimas duas práticas descritas neste livro, teria cometido o grave erro de desmanchar o meu casamento. Assim, muitas vezes fui para o meu quarto e, ao invés de ouvir a minha mágoa e partir para o confronto, refleti recordando os momentos bons que passei ao lado do meu marido.

Como compartilhei nas primeiras práticas, os nossos pensamentos desencadeiam as nossas emoções, ao escolhermos pensar em momentos bons, nos conectamos com a força da gratidão, que nos faz sentir mais felizes. Com esse sentimento, escolhia um gesto que expressasse toda essa gratidão para o meu marido. Por exemplo, ao invés de atormentá-lo com minhas ideias vingativas, fazia um jantar romântico com um bilhetinho de amor tipo: "Vamos começar tudo de novo?"

Essa é a melhor forma de usar a gratidão para limpar nossas mágoas. Não é esquecer ou fingir que nada aconteceu. Reconheço o quanto é difícil esquecer, mas devemos nos dar a chance de começar uma nova história com essa pessoa.

Não há uma regra estabelecida para essa prática, pois pode ser que nessa semana, a pessoa para quem você está precisando expressar gratidão é para você mesma. Muitas vezes, quando olhamos para a nossa história, sentimos mágoas de nós mesmos pelas palavras que foram ditas ou aquelas que deixamos de dizer, pelas atitudes que tomamos ou pelas atitudes que não tivemos coragem de tomar, pelos sonhos que desistimos e ou pelos sonhos que não ousamos sonhar.

Prática Avançada – Coloque sua gratidão em ação!
1 – Nessa semana, escolha uma ou mais pessoas para expressar sua gratidão e se libertar de magoas e ingratidão... incluindo você mesma! (não descarte essa possibilidade).

SÉTIMA PRÁTICA – DEUS NO DIVÃ

Parabéns, leitora! Finalmente você chegou à última prática para criar finais felizes em sua vida!

Espero que você tenha assimilado ao menos uma palavra ou um ensinamento que seja valioso para enriquecer ainda mais a sua história de vida. Desejo que essa última prática, e todas as outras que você já exercitou, não se percam ao final da leitura deste livro. O meu desejo é que elas façam parte da sua vida. Porque eu verdadeiramente acredito que não importa a situação que você está vivendo, nós mulheres, temos o poder de reescrever a nossa história de vida e a história do nosso mundo.

Quando decidi casar, pelo fato de meu marido ser norte-americano e também devido ao seu trabalho, não havia nenhuma possibilidade de morarmos no Brasil; então minha opção foi abrir mão de morar no meu abençoado País e, portanto, deixar de conviver com minha família, amigos e a carreira que tanto amava. Eu não imaginava que ao tomar essa decisão deixaria a "Diva no Divã" para colocar Eu no Divã. Mudei para uma das cidades mais frias do mundo: Fargo, Norte Dakota. Com temperaturas que chegam a 40 abaixo de zero! Já disse isto.

Nessa nova história da minha vida, episódios que eu nunca esperava aconteceram. Inclusive, já comentei na introdução deste livro, os inúmeros obstáculos que superei para conseguir reescrever a minha história de vida. Foi muito duro começar do zero e construir uma carreira em um país com clima, cultura e idioma diferentes da minha realidade.

Não sei em que momento de sua vida você está agora. De repente você não se mudou de país como eu, mas está se sentindo em terras estranhas, está diante de um novo relacionamento ou um novo trabalho, enfrentando novos desafios.

Em minha história de vida, foram através desses desafios e momentos difíceis que comecei a reconhecer e a sentir cada vez mais a presença de uma força maior com uma sabedoria tão grandiosa e profunda que meu humilde vocabulário humano não consegue encontrar palavras expressar. Essa força maior que na primeira parte desse livro o Dr. Oswaldo chama de ultra força, energia ou Grande vida, eu prefiro chamar de Deus.

Quando estava enfrentando depressão pós-parto, muitas vezes me sentia tão perdida que achava ser incapaz de voltar a ministrar palestras, escrever livros e fazer aquilo que realmente amo. Comecei a imaginar que isso seria impossível morando nos Estados Unidos. Mas foram nesses capítulos da minha vida que compreendi que eu não estava escrevendo a minha história sozinha. Quanto mais procurava caminhos para me reerguer e me reinventar, através da ciência e da psicologia, mais eu encontrava Deus. A minha experiência foi muito bem definida pelo cientista Albert Einstein: "Quanto mais me aprofundo na Ciência mais me aproximo de Deus".

Não foi fácil para mim chegar a essa conclusão, eu precisei aprender a ser humilde para assumir que sozinha eu estava muito distante de escrever uma história de vida que valesse a pena ser vivida.

Minha relação com Deus mudou muito depois que escrevi *Divas no Divã*, em 2000; passei por momentos doloridos que podem ser transformados em vários outros livros. Mas foram nesses capítulos difíceis da minha vida que as palavras divertidas de uma "jovem escritora de 23 anos" me inspiraram a continuar virando as páginas e seguindo a diante...

"No fundo do poço não tem ralo, mas uma mola que nos impulsiona para cima!"

Hoje, depois de tudo que passei, descobri que essa mola tem nome e o seu nome é FÉ, a fé que nos aproxima do amor de Deus e nos dá coragem para ousar.

Quando eu falo sobre FÉ, quero que você tenha certeza de que não estou aqui para dar sermão como se você estivesse sentado no banco de uma igreja, pois o poder da fé vai muito além da religião. O médico norte-americano Andrew Newberg, em seu livro How God Changes your Brain" (Como Deus pode mudar o seu cérebro"), afirma que a Fé é o melhor exercício para termos um cérebro saudável Nesta mesma obra o autor declara: " Para mim não importa se Deus é uma ilusão ou um fato, porque até como uma metáfora, Deus representa tudo que somos capazes de nos tornar, um ideal que oferece esperança para milhões de pessoas no mundo inteiro", afirma o autor.

Em minha experiência, apesar de ter sido criada em uma família católica, foram necessários muitos anos para que eu pudesse desenvolver não apenas fé em Deus, mas capaz de acreditar convictamente num Deus bondoso que me ama incondicionalmente do jeitinho que sou.

Como psicóloga, tive acesso há muitas teorias e aprendi técnicas de como aumentar o 'amor-próprio', a autoestima. Em muitas situações tive a oportunidade de ensinar essa prática a mulheres que apresentaram um bom resultado, mas esse resultado sempre apresentava um limite. Há momentos na vida que a última coisa que sentimos é "amor-próprio". E não precisa ser um grande evento na nossa vida para abalar o nosso amor-próprio. Até o fato de eu chegar minutos atrasada na escola da minha filha, faz com que eu me sinta mal pois quando isso acontece, sou minha própria juíza e me condeno. É incrível a minha capacidade de em segundos colocar minha autoestima e amor próprio para baixo. Nesses pequenos momentos, eu reconheço que o meu amor-próprio tem limite, mas o amor-divino é ilimitado, incondicional e irresistível! A minha autoestima levanta em segundos quando lembro que mesmo nos momentos que deixo de me amar, que não me valorizo, tem um Deus que me ama com todos os meus erros, acertos e com todas as minhas loucuras e desejos.

O médico e autor Larry Dossey, em seu livro *Palavras que curam – O poder da oração e a prática da medicina* ("Healing Words: The Power of Prayer and the Practice of Medicine") afirma que "se os cientistas descobrissem uma droga que fosse mais poderosa que o amor para criar saúde, seria considerada a maior descoberta da medicina".

Eu acredito que nós mulheres, precisamos sim de amor-próprio, mas precisamos também nos apoderar mais do amor-divino, um amor incondicional, ilimitado e irresistível! O amor de um Deus que nos ama tanto que se Ele precisar levar você para outro país e mudar toda a sua história de vida como fez comigo para que você possa compreender o quanto ele a ama, Ele vai realizar! Porque quando começamos a compreender e a receber esse ilimitado amor incondicional é quando a verdadeira felicidade começa a brotar em nossos corações. A felicidade que não depende do que nos acontece, mas vem da consciência de que somos amados e que não escrevemos a nossa história sozinhos, apenas somos os coautores do Grande Autor da nossa história de vida.

Para a sua Sétima e Última Prática:

Não é uma tarefa fácil tentar colocar em palavras e em prática o amor e o poder de um Deus bondoso que possui uma sabedoria tão profunda, capaz de tornar pequenos os maiores pensadores do mundo.

Mas para essa semana, e para todos os dias da sua vida:

1 – Reserve alguns minutos por dia para meditar, ficar com você e se conectar com o amor ilimitado e incondicional. Se preferir, escolha uma música, feche os

olhos e coloque a mão em seu coração e comece a ouvir o ritmo da vida pulsando dentro de você.

2- Use este momento especial para deixar vir à tona uma passagem da sua história de vida. Podem ser memórias da sua infância ou de momentos que viveu naquela semana.

Ao lembrar-se desses momentos, sinta a presença de Deus, ou se preferir de uma figura amorosa, ao seu lado, te amando, te protegendo e te guiando. Conecte-se com o poder desse amor abundante e traga essa força para o seu momento presente. Sinta e receba esse amor incondicional, ilimitado e irresistível que independe do que você faz ou de como você se sente.

Escreva o seu próximo capítulo...

Querida amiga, esse livro termina nessa página, mas o meu maior desejo é que você continue escrevendo finais felizes em sua vida.

Lembre-se que você não está sozinha!

Permita-se sair do divã e ser coautora com o grande Autor da sua história de vida.

Ele é a mola que te impulsiona todos os dias a transformar...

suas tristezas em aprendizado,

suas frustrações em comédia,

e a sua vida,

numa história digna de ser aplaudida!

com carinho e imensa gratidão...

FONTE: TradeGothic LT Light
PAPEL: Pólen Soft 70g/m²
IMPRESSÃO: Paym, Brasil

#Novo Século nas redes sociais

novo século®
www.novoseculo.com.br